Monde Merveilleux des

Bébés
Animaux

Monde Merveilleux des

Bébés
Animaux

C. Kilpatrick

Editions Princesse

PRODUCTION AGENCE INTERNATIONALE D'ÉDITION JEAN F. GONTHIER
8, avenue Villardin, 1009 Pully (Suisse)

Table

Introduction

Page en regard :
Un bébé gorille *(Gorilla gorilla)*, en sûreté dans les bras de sa mère. La plupart des mammifères font preuve d'intérêt envers leurs petits, leur apprenant à trouver de la nourriture et à subvenir à leurs propres besoins.

Pages suivantes :
Chez les invertébrés (animaux sans squelette osseux), il est rare que les parents s'occupent de leur progéniture. On voit pourtant là une femelle de scorpion porter ses petits sur son dos.

Ci-dessous :
Les souriceaux, bien qu'aveugles et glabres à la naissance, ressemblent cependant à des souris et savent instinctivement comment sucer le lait de leur mère.

A leur naissance, certains animaux ne diffèrent extérieurement que fort peu de leurs parents, sinon par leur taille, beaucoup plus petite. Les baleineaux, les levrauts, les jeunes singes et même les bébés humains ressemblent beaucoup aux adultes. D'autres animaux n'acquièrent leur apparence adulte qu'en se développant. Un bébé kangourou, par exemple, n'est à sa naissance qu'un embryon, et ce n'est qu'après des semaines de développement dans la poche maternelle qu'il acquiert la forme familière du kangourou adulte. Il y a d'autres exemples de bébés différant complètement, à leur naissance, de la forme propre à l'âge adulte, qu'ils n'acquièrent qu'après une série de mutations appelées « métamorphoses ». Un beau papillon, par exemple, éclôt sous la forme d'une chenille vorace qui, après s'être nourrie et avoir mué plusieurs fois, passe par une phase de repos (nymphose) de plusieurs semaines à l'intérieur d'un cocon. Dans ce fourreau, d'étonnantes transformations chimiques et physiques ont lieu, et finalement un papillon adulte en sort, avec des ailes repliées qui se déploieront et sécheront au soleil. Il arrive aussi qu'un animal nouveau-né soit complètement indépendant et se suffise à lui-même sans plus jamais rencontrer ses parents. Nombre d'habitants de la mer tels qu'étoiles de mer, mollusques, anémones, crabes et poissons, ainsi que les amphibiens, les reptiles, la plupart des insectes et d'autres invertébrés primaires sont indépendants dès leur naissance. Bien qu'ils soient théoriquement capables de survivre, des millions d'entre eux périssent dans les minutes, les heures ou les jours qui suivent leur naissance, car la nature les soumet à des quantités d'épreuves. Beaucoup servent d'aliment à d'autres espèces, d'autres succombent au froid ou au manque de nourriture. Mais le nombre de naissances par parents est suffisamment élevé pour assurer la survie de l'espèce.

Les organismes les plus anciens, apparus sur terre il y a des millions d'années, se reproduisaient probablement par simple division, lorsqu'ils avaient atteint une certaine taille. On rencontre ce mode de reproduction asexuée, par division binaire (lorsque l'organisme se divise en deux) ou par division multiple (lorsque l'organisme se divise en plusieurs parties), chez de minuscules organismes tels que les

Après l'accouplement, mâle et femelle du sphinx du troène *(Sphinx ligustri)* se séparent et la femelle pond ses œufs sur les feuilles de l'arbre dont elle porte le nom. Une minuscule chenille éclôt de chaque œuf et, après un certain temps, se change en nymphe ou chrysalide. A l'intérieur du cocon, d'étonnantes modifications chimiques et physiques se produisent, et, finalement, le papillon adulte, ou imago, émerge, son objectif principal dans la vie étant de trouver un compagnon et de se reproduire.

bactéries, ou chez les protozoaires tels que l'amibe ou l'euglène.

Le terme fragmentation décrit cette division du corps de l'animal en deux ou plusieurs parties aux fins de la reproduction lorsqu'il n'y a pas de cellules sexuelles spécialisées associées à ce processus. Certains vers d'eau se reproduisent ainsi, et l'on peut également assimiler à ce mode de reproduction la phase de reproduction asexuée de la méduse. La méduse produit des larves nageantes appelées « planula », qui viennent se fixer à des rochers. La planula, en se développant, prend un peu l'aspect d'une hydre, et dans cet état, on la dénomme scyphistome.

Sous cette forme, elle se nourrit et

se développe pendant l'été, puis, au cours de l'hiver et du printemps, elle produit de minuscules petites méduses, appelées éphyres, qui sont empilées comme des soucoupes à l'extrémité du corps principal et s'en détachent l'une après l'autre.

Certains coraux et anémones de mer se divisent en deux longitudinalement au moment de la reproduction.

Beaucoup d'animaux à corps mou, tels que l'hydre et l'obélie, sont soumis à un autre mode de reproduction asexuée, la reproduction par *bourgeonnement*. Une légère protubérance apparaît et commence à se développer sur le corps du parent : c'est ce qu'on appelle le bourgeon. Ayant atteint son plein développement — réplique miniature du parent — le bourgeon se détache de celui-ci.

Les animaux de types plus évolués — tant invertébrés que vertébrés — ne se reproduisent que par voie sexuelle. Ce type de reproduction résulte de la présence de cellules particulières, les cellules sexuelles, groupées dans des organes reproducteurs appelés gonades. A partir du moment où l'animal a atteint sa maturité sexuelle, les gonades produisent des cellules germinales ou gamètes. Chaque gamète contient, sur les chromosomes de son noyau, une série de gènes, qui sont des instructions codées concernant les caractéristiques de l'espèce animale donnée. Les gamètes provenant de deux individus d'une même espèce s'unissent et fusionnent, formant une cellule appelée zygote. Le zygote se divise à plusieurs reprises, chaque cellule contenant deux lots d'instructions, l'un en provenance du gamète femelle, l'autre du gamète mâle, de sorte que le corps en formation du jeune animal se développe à l'image de son espèce.

La plupart des cas de reproduction sexuée font intervenir une femelle adulte produisant des cellules sexuelles femelles appelées œufs ou ovules, qui contiennent une réserve de nourriture, et des mâles adultes produisant des cellules sexuelles mâles ou spermatozoïdes, qui ressemblent à de minuscules têtards dotés d'une tête microsco-

En bas :
Un grand nombre d'animaux au corps mou, telle l'hydre brune *(Hydra fusca)* représentée ici, se reproduisent de façon asexuée par bourgeonnement. Une petite excroissance, le bourgeon, surgit sur le corps du parent et se développe en une minuscule version de celui-ci avant de se détacher. On voit ici deux bourgeons, l'un à moitié développé, l'autre presque prêt à devenir indépendant.

Ci-dessous :
Une larve nageante de balane. Cette larve est minuscule, et ne ressemble absolument pas à l'animal adulte ; sa croissance se fait en plusieurs phases ; elle se fixe finalement sur un rocher et prend sa forme définitive de balane adulte.

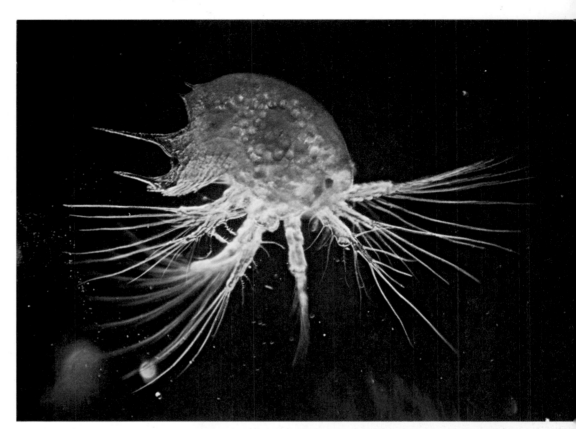

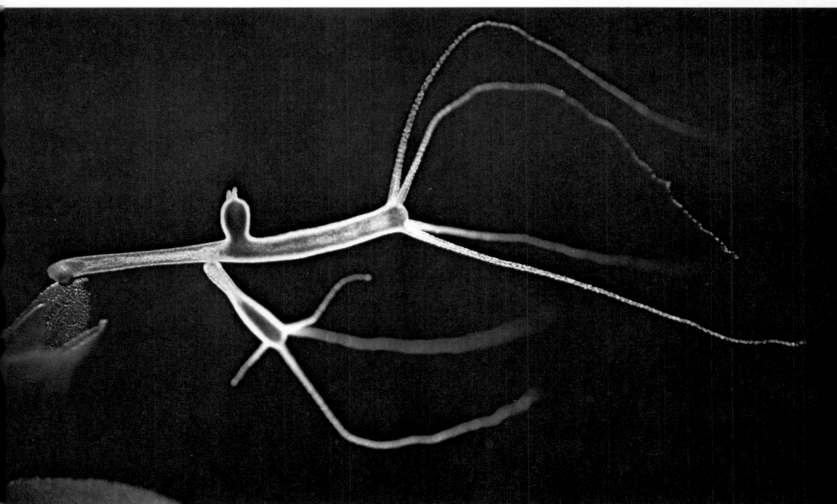

Au moment de l'éclosion des œufs, les oisillons sont ou aveugles et nus, ou recouverts d'un fin duvet de plumes, et alors leurs yeux sont ouverts. Sur cette photo, un jeune flamant *(Phoenicopterus ruber)* recouvert de duvet. Le bec en forme de cuillère qui caractérise cet échassier se développera en cours de croissance.

pique et d'une longue queue. Toutefois, il arrive fréquemment chez les espèces inférieures qu'un même adulte possède les deux sortes de gamètes. Les méduses, les hydres et les vers de terre sont pourvus de gamètes mâles et femelles ; ces animaux sont appelés bissexués ou hermaphrodites. Dans la plupart des espèces plus évoluées, les deux sexes sont distincts — le sexe mâle et le sexe femelle — et cet état de choses est appelé *dimorphisme sexuel*.

Fréquemment, des caractères physiques particuliers distinguent les sexes. Chez les humains, il se développe un système pileux sur le visage de l'individu adulte du sexe mâle, tandis que chez les singes mâles, il apparaît souvent des taches de couleur. Le cerf est pourvu de bois qui lui permettent de se battre avec d'autres mâles pour la possession de la femelle. Chez les oiseaux, il est souvent facile de distinguer le mâle de la femelle. Le paon mâle

(Pavo cristatus) est revêtu de couleurs magnifiques, alors que sa compagne est plutôt terne, car elle ne doit pas attirer l'attention lorsqu'elle couve ses œufs dans un nid à même le sol. Toutefois, il existe dans le monde animal bien des espèces chez lesquelles il est difficile de distinguer les sexes. Chez le panda géant noir et blanc *(Ailuropoda melanolenca)*, il est impossible de déterminer le sexe de l'animal d'après son apparence. Chez les perroquets, les roitelets, les hiboux, les pingouins et les goélands ainsi que chez d'autres oiseaux, les individus des deux sexes sont, en apparence, semblables les uns aux autres.

Lorsque les sexes sont séparés, l'accouplement précède nécessairement la mise au monde. Chez les vertébrés, le mâle et la femelle se livrent souvent à des parades rituelles avant de s'accepter mutuellement et de mettre en contact leurs œufs avec leur semence. Dans certains cas — particulièrement chez les poissons — les œufs et le sperme sont simplement déposés dans l'eau. Les variations sur le thème de la

Les serpenteaux, tel ce Thamnophis commun (serpent jarretière) *(Thamnophis sirtalis sirtalis)* d'un jour, ne diffèrent que légèrement de leurs parents dont ils sont des répliques miniatures.

Le « crapaud sage-femme » mâle *(Alytes obstetricans)* enroule autour de la partie arrière de son corps les œufs pondus par la femelle dès qu'il les a fécondés. Il les porte ainsi pendant environ un mois, jusqu'à l'éclosion des larves qui s'éloignent alors à la nage et commencent leur vie propre.

reproduction sont, d'ailleurs, fort nombreuses et toutes ne peuvent pas être décrites ici. Chez les vertébrés supérieurs tels qu'amphibiens, reptiles, oiseaux et mammifères, les sexes s'apparient en constituant des couples. La formation du couple implique une suite complexe de comportements comprenant le choix des partenaires, les parades et rituels de séduction, et l'accouplement. Ce processus peut comprendre aussi la recherche et l'aménagement d'endroits appropriés à la construction des nids ou des gîtes où les petits seront élevés. Chez de nombreuses espèces, les couples sont formés à vie. Tel est le cas chez des mammifères tels que les lions *(Panthera lea)* et les singes, et chez des oiseaux tels que les albatros, les perroquets, les aigles, les cygnes et les hirondelles. D'autres espèces ne connaissent que des liens temporaires, durant la saison pendant laquelle les parents élèvent leurs petits ou même simplement pendant le temps de l'accouchement : c'est le cas de la plupart des amphibiens et des reptiles, ainsi que de nombreux mammifères et de certains oiseaux. Les parades et rituels de séduction sont autant de différents moyens d'exprimer l'adoration pour le sexe opposé. Certains animaux utilisent des chants et des appels : ainsi, les oiseaux, les grenouilles, les crapauds et certains mammifères comme les

cerfs et les renards. Les signaux visuels sont importants également, certaines espèces se revêtant de couleurs de parade. Le ventre de l'épinoche mâle, par exemple, devient rouge et ses yeux deviennent bleus, tandis que la femelle devient argentée. Les oiseaux, en particulier lorsque les sexes sont extérieurement différenciés, gonflent leur plumage et se montrent sous leurs plus beaux attraits. Voir, par exemple, le paon à la queue colorée, l'oiseau de paradis, l'oiseau-lyre et les oiseaux aquatiques. Alors que les individus appariés manifestent une forte attraction mutuelle, on peut généralement observer chez eux de vives réactions d'agressivité et d'hostilité à l'égard d'autres membres de l'espèce. Les mâles sont prêts à défendre leur compagne et le territoire réservé à leur future progéniture.

Cependant, que des animaux se reproduisent sur un mode totalement impersonnel, telle l'amibe, qui se scinde simplement en deux, ou après s'être livrés à une cour romantique et excitante, comme beaucoup d'oiseaux et de mammifères, les petits naissent, soumis aux nécessités de la croissance et de la survie. Les pages qui suivent décriront et illustreront de façon révélatrice toutes sortes de faits passionnants concernant la vie des petits d'animaux de toutes espèces nés aux quatre coins de la terre.

Jeunes animaux domestiques

Les chiens, les chats et certains autres petits animaux domestiques sont des compagnons familiers que la plupart des gens connaissent bien, de même que nous sommes familiarisés aussi, en général, avec les principaux animaux de la ferme: vaches, moutons, chevaux, chèvres et cochons. Tous proviennent de la domestication, par l'homme, au cours des siècles, de leurs ancêtres sauvages, dont la capture aura sans doute eu lieu alors que l'animal était encore jeune. Il semble probable que le chien ait été le premier animal apprivoisé par l'homme. Il existe actuellement, dans le monde, plus de 165 races de chiens, et l'on pense qu'elles descendent du loup et du chacal. Durant l'âge de la pierre, les ancêtres sauvages du chien domestique suivaient, fort probablement, les chasseurs dans l'espoir de s'emparer des restes des bêtes abattues. Les chasseurs auront trouvé les petits de ces animaux et les enfants des chasseurs auront obtenu de leurs pères la permission de garder ces plaisantes bestioles. Les petits se seront habitués facilement à leur propriétaire humain en remplacement de leurs parents.

Nous savons que, même à l'heure actuelle, les louveteaux et les jeunes chacals peuvent facilement s'apprivoiser et s'habituer à l'homme. Les chasseurs de jadis se seront rendu compte que ces canidés pouvaient les aider à pister leur gibier grâce à leur excellent flair et qu'en outre, le chien sauvage apprivoisé s'avérait un gardien utile contre les animaux sauvages — ours, loups, lions et autres bêtes de proie — qui rôdaient constamment à proximité des établissements humains. Plus tard, mais assez vite dans l'histoire de la domestication, l'homme utilisa le chien pour garder ses troupeaux de moutons et de chèvres.

De nos jours, la plupart des gens aiment à observer les jeunes chiots et les trouvent attrayants et attendrissants, avec leurs yeux limpides et brillants, leurs mines éveillées, leurs corps patauds et leurs façons vives et joueuses. Les chiens sont encore utilisés, de nos jours, pour l'accomplissement de certaines tâches — comme chiens de garde, de chasse ou bergers — mais de plus en plus, on se contente purement et simplement d'en faire de bons compagnons et il se rencontre toujours une race de chiens qui réponde

Cette chienne étendue sur le dos se laisse téter par ses chiots, dont l'un, pourtant, semble préférer dormir.

aux souhaits d'un propriétaire affectueux.

C'est après soixante-trois jours passés dans le ventre de sa mère que le chiot vient au monde. La chienne lèche et nettoie ses petits à la naissance et ils se traînent instinctivement vers ses mamelles et se mettent à téter.

Les chiots restent sous la protection de leur mère pendant six à dix semaines avant d'être remis à leur nouveau propriétaire. Un chiot âgé de huit semaines est encore un bébé et, comme tous les bébés, il a besoin de chaleur, de beaucoup d'amour et d'affection, de repos et de repas légers mais fréquents. Il est utile aussi de faire vacciner le chiot par un vétérinaire contre certaines maladies infectieuses telles que la maladie du jeune âge (maladie de Carré) et l'hépatite virale du chien. La vaccination se fait, généralement, vers l'âge de douze semaines et en une

seule inoculation, à forte dose au besoin, selon l'avis du vétérinaire.

A peu d'exceptions près, le chiot enlevé à sa mère et à ses frères et sœurs protestera et pleurnichera en se trouvant seul la première nuit. Il faut lui donner un bon lit. Une niche à l'abri des courants d'air suffira, pour autant qu'elle soit rembourrée de vieilles couvertures ou d'un coussin moelleux. Il est utile de placer une montre sous la couverture du chiot pendant les premières nuits. Le tic-tac lui tiendra compagnie et aidera à lui apprendre à rester sur sa couche.

Il faut de la gentillesse et de la fermeté pour dresser un jeune chiot. Le respect de la maison est un aspect important de son éducation. Nourrissez votre chiot à intervalles réguliers et faites-le sortir après chaque repas. A huit semaines, un chiot ne peut pas maîtriser sa vessie, mais il quitte instinctivement sa litière avant de se sou-

lager. Les endroits souillés devraient être nettoyés avec un fort désinfectant, afin d'éliminer les mauvaises odeurs. Si vous prenez l'animal sur le fait, donnez-lui une petite tape sur le postérieur et dites clairement : « Non, non ! » Puis conduisez-le dehors. La quantité de nourriture à donner à un chiot ou à un chien adulte varie selon la race. En général, le vétérinaire, le marchand de chiens ou l'éleveur vous indiquera la manière correcte de le nourrir.

Charmant et joueur, un chaton est, en général, vite adopté par la maisonnée. C'est une créature pleine de vie, et il passera des heures à s'amuser tout seul ; toutefois, il requiert des soins constants, de l'affection et des repas à intervalles réguliers. Il est par instinct un animal propre, et apprendra bien vite à utiliser une caisse — en quelques jours, alors qu'il faut au chiot jusqu'à six mois pour s'habituer à la propreté.

Il est à conseiller de ne pas soustraire un chaton à sa famille avant l'âge de dix semaines, à moins de pouvoir lui garantir quatre repas par jour. Un chaton n'a pas besoin d'être mené en promenade, comme le chien, mais on peut, si l'on veut, l'habituer à être tenu en laisse. Le chaton apprécie, bien sûr, un jardin où il puisse jouer, mais il peut aussi vivre heureux dans un appartement et prendre suffisamment d'exercice en s'amusant avec une balle ou un jouet. Il aime à s'assoupir au soleil, soit sur le rebord d'une fenêtre, soit dehors dans un coin chaud. Le chaton grandit très rapidement et est adulte à six mois environ.

Les jeunes lapins, gerbilles, cochons d'Inde, hamsters et souris jouent souvent, eux aussi, le rôle d'animaux familiers. Les lapins ont probablement été domestiqués au XVIIᵉ siècle et élevés pour la production de leur chair. Par la suite, différentes variétés de lapins ont été introduites et, à l'heure actuelle, on les élève souvent pour le simple plaisir. Une lapine portante utilise son propre poil et la litière de sa cage pour édifier le nid des petits. Les lapereaux naissent après trente jours de gestation. Ils sont aveugles, et vivent et tètent dans le nid. Ils ouvrent leurs yeux à l'âge de douze à quatorzè jours, et sont alors couverts d'un épais pelage. Ils sont ravissants et peuvent être sortis du nid à condition qu'on les manipule avec soin. Il est très important de ne pas déranger la mère ou la portée avant ce moment, sinon la lapine risque de dévorer ses petits. Le lapereau peut quitter sa mère à six semaines, étant alors capable de manger et de boire seul. Une jeune lapine sera adulte à six mois, et capable d'avoir des petits.

Un jeune cobaye — appelé aussi cochon d'Inde — devrait être acheté à l'âge de six à huit semaines. Il est alors indépendant de sa mère et prêt à se faire de nouveaux amis dans un nou-

Page en regard :
Même s'ils appartiennent à des espèces qui, adultes, sont ennemies naturelles, les petits sympathisent à condition qu'on les habitue très jeunes les uns aux autres : ce bébé cocker et ce chaton persan sont d'excellents compagnons de jeu !

En haut :
A sa naissance, le lapereau est aveugle et totalement sans défense ; mais sa fourrure pousse au bout de douze jours et ses yeux s'ouvrent alors. On voit ici une lapine renifler affectueusement son petit.

Ci-contre :
Une femelle de hamster doré *(Mesocricetus auratus)*, race appréciée de bien des gens, nettoie soigneusement sa progéniture, encore aveugle.

Un jeune poulain tète sa mère, bien campé sur ses longues pattes ; bien musclé et fort alerte, il est prêt à suivre sa mère ou à s'amuser à courir dans son enclos.

vel entourage. Un jeune cochon d'Inde est un bébé particulièrement ravissant : il naît couvert d'un poil épais et ses yeux sont ouverts. La période de gestation dure soixante-trois à soixante-quinze jours et la portée comporte généralement deux à sept petits. A l'âge de deux semaines, ils se nourrissent seuls. Ils aiment le maïs et l'avoine et il leur faut, aussi, chaque jour, un peu de carotte ou de verdure. On peut leur donner de la purée de son le soir. Ils mangent aussi des feuilles de dent-de-lion, du trèfle, des épluchures de fruits — pomme ou poire — du céleri et de la chicorée. Ils feront leur litière avec du foin frais, qui devrait être changé quotidiennement.

Les gerbilles et les gerboises sont devenues, elles aussi, des animaux familiers très appréciés car elles sont charmeuses et amusantes. Il en existe plus de 100 espèces, qu'il est très difficile d'identifier. Les gerboises ont des pattes antérieures semblables à celles des kangourous, ce qui leur permet de faire de grands bonds ; il leur faut donc une cage assez vaste. Toutes les gerbilles sont de petite taille — entre celle d'une souris et celle d'un petit rat. Elles sont très diligentes, recherchant graines et racines qu'elles cachent dans leur cage. Elles peuvent passer des heures à ronger du papier ou à déchirer du papier de toilette en lambeaux pour en faire un nid. Elles sont

très prolifiques et il leur arrive de mettre au monde jusqu'à quatorze petits. Il ne faut pas les déranger durant cette période, sans quoi la mère risque de tuer et de dévorer les petits. Après vingt et un jours environ, ceux-ci quittent leur nid et font de courtes promenades d'exploration. Bientôt, ils se nourriront par leurs propres moyens et pourront être séparés de leur mère.

Jeunes animaux de la ferme

C'est une merveilleuse expérience que de visiter une ferme au printemps ou au début de l'été et d'y rencontrer les différents jeunes mammifères qui l'habitent. Les agneaux folâtrent ensemble, les poulains s'ébattent dans les prairies pleines de boutons d'or, les veaux aux yeux écartés sont attendrissants et les jeunes chevrettes sautent par-dessus le dos de leurs mères. La période de gestation d'une jument est d'environ onze mois (340 jours), celle de la vache, neuf mois (280 jours), de la brebis, cinq mois (150 jours) et de la truie, seize semaines (112 jours). Ces durées de gestation varient toutefois considérablement, selon les races auxquelles ces animaux appartiennent.

Le cheval sauvage (Equus przewalsky), qui survit encore en petit nombre dans les steppes mongoles et en captivité, est à l'origine de toutes les races de chevaux domestiques. Un

poulain nouveau-né se hisse sur ses pattes dans la demi-heure qui suit sa naissance et vacille pendant quelques minutes, à la recherche de la source de lait. Après quelques heures, il danse autour de sa mère, mais se méfie instinctivement de son entourage. On gagnera sa confiance en l'approchant avec précaution et en le flattant et le caressant gentiment. De nos jours, l'élevage de chevaux de grande classe est devenu une science, et l'on apporte

le plus grand soin au choix d'un étalon et d'une jument. Il est essentiel que les deux parents aient un bon tempérament, et soient exempts de maladies héréditaires. Un poulain pur sang est généralement si précieux qu'on le fait naître dans une stalle spéciale sous la surveillance d'un vétérinaire et d'aides. Mais pour les juments de races plus humbles on se contente généralement de les laisser mettre bas dans leur propre enclos tout en les surveillant de

Il semble que la vie soit déjà bien fatigante pour cet ânon, qui se repose contre les jambes postérieures de sa mère !

près pour s'assurer qu'aucune difficulté ne survient. A huit semaines, le poulain commence à mâchonner l'avoine de sa mère, et lorsqu'il atteint six ou sept mois, il peut être sevré et séparé de la jument. Cependant, il a encore besoin de compagnie: un autre poulain, un poney qui a bon caractère ou un âne châtré seront pour lui de bons partenaires. Ils deviendront grands amis et la nuit, se blottiront l'un contre l'autre pour avoir chaud.

Depuis des siècles, les ânes, les mules et les mulets ont été utilisés par l'homme comme bêtes de somme. On les emploie encore dans les pays pauvres pour transporter hommes et marchandises, tandis que, dans la plupart des pays développés, ils servent de compagnons aux enfants.

Les moutons, les chèvres et le bétail appartiennent à la même famille que les buffles et les antilopes. Le mouton domestique descend du mouton sauvage, mais l'espèce originaire dont il provient n'est pas connue. Le mouflon (*Ovis musimon*) a probablement fourni, il y a des siècles, la principale souche d'élevage des ovidés. Les moutons ont valeur commerciale pour leur laine et leur viande et, dans quelques pays, pour leur lait.

Avant qu'elles ne mettent bas, on rassemble généralement les brebis, afin de s'assurer que leurs tétines sont exemptes de laine, que les agneaux nouveau-nés risqueraient d'avaler dans leurs premières tentatives de tétée. La mise bas dans les troupeaux d'alpage a généralement lieu en plein air, mais il se peut que le berger, aidé de son chien, fasse descendre le troupeau dans des pâturages moins élevés, lorsque le temps est menaçant. La mise bas commence généralement à la fin du printemps, mais il arrive souvent que les naissances soient plus précoces, auquel cas des photographies et des articles paraissent dans la presse locale pour annoncer à la population que le printemps n'est pas loin. Le berger s'assure deux à trois fois par jour de l'état de ses brebis et vient en aide à toute brebis en difficulté. Les agneaux et leurs mères sont parfois pris dans des tempêtes de neige et ensevelis. Le chien de berger joue alors un rôle essentiel grâce à son excellent flair, qui lui permet de dépister les corps ensevelis.

Une brebis donne généralement naissance à un seul agneau, bien que des jumeaux et même des triplés soient chose courante. Certains agneaux

Les moutons mettent ordinairement au monde des jumeaux, mais les triplés sont fréquents et il n'est pas rare de rencontrer des quadruplés.

sont orphelins de naissance, leur mère refusant de les accepter. Parfois, en revanche, une mère dont l'agneau est mort accepte d'adopter un agneau orphelin. On attache sur le dos de l'orphelin la peau de l'agneau mort, et, généralement, la mère l'adopte immédiatement. Un autre procédé consiste à frotter de whisky le nez de la brebis, ce qui a pour effet de lui faire perdre l'odorat ; de la sorte, elle ne remarque pas que l'agneau a une odeur différente de la sienne. Lorsque ces tactiques échouent, c'est généralement la fermière qui élève l'orphelin en le nourrissant au biberon. Les agneaux tètent pendant environ six semaines,

bien qu'après quelques jours déjà, ils mangent un peu de nourriture solide et qu'ils broutent des brins d'herbe à deux semaines.

Les chèvres sont prisées soit pour leur toison soit pour leur lait. Les races cachemire et angora sont les plus appréciées, en raison de leur laine fine et douce. La toison des chèvres angora fournit le mohair, et, chez les meilleurs sujets, la laine est extrêmement fine, soyeuse et lustrée. Dans cette race, la chèvre ne met généralement bas qu'un seul petit, les jumeaux étant rares. Le lait de la chèvre soutient la comparaison avec celui de la vache, mais il est plus riche en matiè-

De jolies chevrettes, avec leur mère. Le lait de chèvre soutient la comparaison avec celui de la vache, mais il est plus riche en matières grasses et plus pauvre en autres substances.

21

Ce veau de la race bovine des montagnes d'Ecosse est une charmante réplique miniature de ses parents.

Pages suivantes :
Chez les moutons, il est fréquent de rencontrer des jumeaux et des triplés, et même des quadruplés ne sont pas rares.

Page en regard :
Un petit veau et sa mère. On fait généralement couvrir la vache pour la première fois de manière qu'elle mette bas à l'âge de trois ou quatre ans ; elle vêle ensuite chaque année pendant trois ou quatre ans.

res grasses et moins riche en autres éléments consistants.

Les bovins domestiques *(Bos taurus)* existent depuis fort longtemps. Nous savons qu'il y en avait à Babylone, cinq mille ans avant Jésus-Christ. L'espèce domestique la plus ancienne que l'on connaisse en Europe est le bœuf à cornes courtes et à corps svelte, déjà fort répandu durant la période néolithique (âge de la pierre po-

lie). Il venait probablement d'Asie, où il était domestiqué depuis longtemps. On le désigne parfois du nom anglais de « Celtic Shorthorn ». On le rencontrait en Grande-Bretagne jusqu'à l'époque romaine. Toutefois, en Europe, les bovins domestiques descendent de l'aurochs sauvage *(Bos primigenius)*, un énorme animal à longues cornes mesurant plus de 1,8 mètre de hauteur aux épaules. Le dernier spécimen connu fut tué en Pologne en 1628. Les bovidés « semi-sauvages » sont des spécimens d'une autre race très ancienne que l'on trouve encore à certains endroits. Certains zoologistes supposent que les Romains les introduisirent en Europe, alors que d'autres pensent qu'ils descendent directement de l'aurochs sauvage. De nos jours, les nombreuses races de bovins domestiques sont élevées pour leur viande, leur lait et leur cuir et, dans les pays les plus pauvres, ces animaux servent aussi de bêtes de somme.

Généralement, on s'arrange pour faire couvrir la vache pour la première fois en temps voulu pour qu'elle mette bas son premier veau à l'âge de deux à trois ans ; par la suite, elle met habituellement au monde un veau par année pendant trois ou quatre ans. Un veau à sa naissance pèse généralement entre 45 et 90 kilogrammes selon la race et le mode d'alimentation. En Occident, la plupart des éleveurs s'arrangent pour que les vaches laitières aient leurs veaux en automne, car c'est la saison où leur lait vaut le plus. Quant aux vaches dont les veaux sont destinés à l'abattoir, on les fait saillir en temps voulu pour qu'elles vêlent au printemps, et nourrissent leurs veaux pendant l'été. Toutefois, il n'y aurait pas de règle absolue à ce sujet.

Un veau nouveau-né se hisse vite sur ses pattes, et il marche après quelques heures. Deux à cinq heures après le vêlage, le veau, après avoir tâtonné

autour du corps de sa mère, trouve ses pis et s'abreuve de lait pour la première fois. Souvent la vache l'aide à trouver la bonne direction. Si la mère est une vache laitière, le veau est séparé d'elle à la naissance ou dans les quelques heures qui suivent, et rejoint d'autres veaux qui sont nourris artificiellement, tandis que la vache continue à produire du lait pour le fermier.

En Afrique, en Asie et en Australie, on trouve des races de bovins à grande bosse appelés zébus *(Bos indicus)*, qui descendent probablement du Banteng malais *(Bos banteng)*. Ce bétail a été sélectionné de façon à résister aux maladies infectieuses de ces pays et à survivre malgré une végétation de pauvre qualité, et les grandes chaleurs.

Le cochon ou porc est un animal domestique qui peut mettre au monde des portées très nombreuses ; il n'est pas rare qu'une truie donne naissance à plus de vingt petits. Mais les éleveurs

Les cochons domestiques donnent couramment naissance à vingt petits et plus ; cependant il est préférable que la portée ne dépasse pas le nombre de douze, la truie n'ayant que sept paires de mamelles, dont la septième ne donne en général presque pas de lait.

n'en laissent généralement qu'une douzaine à la mère, car, bien que la truie ait quatorze tétines, la dernière paire ne donne habituellement que peu de lait. Les porcelets restants, s'ils sont vigoureux et en bonne santé, peuvent facilement être confiés à une autre truie, dont la portée a été moins nombreuse. Elle accepte généralement bien ces petits étrangers. Les races de porcs européens descendent du sanglier sauvage *(Sus scrofa)* dont la laie (truie sauvage) donne naissance à de ravissants marcassins (entre cinq et huit), de couleur brune avec des raies le long du corps. Le sanglier adulte est très féroce, avec ses canines éversées et acérées grâce auxquelles il peut se défendre.

Chez les porcs, l'opération qui consiste à mettre bas s'appelle « cochonner » et elle dure parfois des heures lorsque la portée est très nombreuse. La truie met bas dans un endroit prévu à cet effet et, comme elle s'excite facilement à cette occasion, la coutume veut que seul l'homme qui la nourrit l'assiste. Si la truie est dans de mauvaises dispositions, elle risque de piétiner ses petits ou de se coucher sur eux, ou encore de les brutaliser ou de les dévorer. Lorsqu'une truie tue ses petits, on évite qu'elle porte à nouveau. Les porcelets sont assez sensi-

bles au froid durant les premières semaines de leur vie, aussi est-il nécessaire qu'ils disposent d'un enclos chaud et sec, à l'abri des courants d'air, souvent même équipé d'un chauffage artificiel. A huit semaines environ, les petits cochons sont sevrés et l'on retire la truie de leur enclos.

Le coq de basse-cour *(Gallus gallus)* qui fait habituellement partie de la volaille de la ferme a pour ancêtre le coq sauvage (coq Bankiva) qui vit en Asie du Sud-Est. Il s'est répandu en Europe à l'époque chrétienne, et l'on s'est mis à en pratiquer l'élevage non seulement en raison de sa valeur nutritive, mais aussi pour le divertissement fourni par les combats de coqs. Il en existe aujourd'hui un grand nombre de races et de variétés, chacune ayant ses caractéristiques. Une poule pondeuse produit environ deux cents œufs par année ou plus, ce qui équivaut à peu près à cinq ou six fois son propre poids en œufs. Actuellement, pour pouvoir satisfaire à la demande de poulets à rôtir et d'œufs, on ne laisse plus les poules couver leurs œufs comme jadis. On utilise des couveuses artificielles, et la première chose que voit un poulet, quand il éclôt de l'œuf, ce sont des rangées et des rangées d'œufs et quelques frères et sœurs d'éclosion. Dans les vingt-quatre heu-

res qui suivent leur naissance, des milliers de poulets sont en route vers leurs nouveaux propriétaires. Le poulet grandit très vite. Souvent il pèse à l'éclosion moins de 57 grammes et il multiplie ce poids par seize en huit semaines. A la même allure, un bébé humain de poids moyen pèserait 50 kilogrammes à l'âge de deux mois.

Les oies, les canards et les dindes sont, eux aussi, soumis à ces procédés d'élevage intensif et il est rare de nos jours de rencontrer des oies caquetantes ou une troupe de canards avec leurs canetons jaunes et duveteux aux alentours de la ferme.

Il existe bien d'autres animaux domestiques de par le monde, par exemple les éléphants, les yaks *(Bos grunniens)*, les rennes *(Rangifer tarandus)* ainsi que les chameaux et dromadaires et leurs cousins d'Amérique du Sud, les lamas *(Lama peruana)*. Ces animaux jouent un rôle très important dans leurs pays natals. En Inde et en Birmanie, l'éléphant d'Asie *(Elephas maximus)* est dressé à travailler dans les forêts de haute futaie. Cependant, durant les cinq premières années de son existence, il est choyé, nourri fréquemment, caressé, et il a à sa disposition une ou deux « tantes »

Il est rare, de nos jours, de rencontrer une poule de basse-cour *(Gallus gallus)* entourée de sa nombreuse progéniture, car les poulets éclosent désormais par millions dans des couveuses. Les œufs sont enlevés à la mère immédiatement après la ponte.

ou « marraines » qui veillent à prévenir ses besoins. Il suit sa mère au travail et à ses heures de loisirs et il la tète fréquemment tandis qu'elle se concentre à la tâche qui consiste, par exemple, à

traîner un tronc de 2 tonnes vers une rivière à flottage. L'éléphanteau, entre cinq et seize ans, est sevré, puis entraîné aux différentes fonctions d'un éléphant travailleur.

Le dromadaire *(Camelus dromedarius)* ne se rencontre plus à l'état sauvage ; en revanche, sous sa forme domestique, il est répandu de l'Afrique du Nord jusqu'en Asie du Sud-Ouest, en passant par l'Asie centrale. Le chameau *(Camelus bactrianus)* existe à l'état sauvage dans le désert de Gobi, mais il est le plus souvent domestiqué. Le premier témoignage que nous possédions de l'existence d'un dromadaire se trouve sur une poterie datant de la sixième dynastie d'Ancienne Egypte, environ 3500 ans avant J.-C. Les dromadaires sont utilisés aujourd'hui encore dans les régions désertiques

et semi-désertiques, car ils sont merveilleusement adaptés aux dures conditions naturelles de ces régions. Un jeune dromadaire est une réplique miniature de ses parents, à l'exception de ses incisives, de son ravissant pelage doux au toucher, de l'absence de rembourrage aux genoux et de la bosse. Au début, il peut à peine émettre un faible bêlement, mais au bout de vingt-quatre heures, il parvient à se mettre sur ses pattes vacillantes et à marcher. Le jeune dromadaire reste auprès de sa mère pendant quatre ans, courant à ses côtés pendant les longs voyages à travers le désert. En Amérique du Sud, les indigènes pratiquent, depuis des siècles, l'élevage du lama et de l'alpaga *(Lama pacos)*. Les lamas sont surtout utilisés comme bêtes de somme, tandis qu'on élève l'alpaga en

Le dromadaire *(Camelus dromedarius)* ne se rencontre de nos jours que sous sa forme domestique : il est utilisé depuis plus de 5000 ans comme bête de somme dans les déserts et les contrées arides. Le petit demeure auprès de la chamelle quatre ans durant.

raison de sa laine de fine qualité. Les lamas fournissent eux aussi de la laine, ainsi que de la viande et du cuir, et leur graisse est utilisée pour la fabrication de chandelles. Dès que le nouveau-né est capable de se tenir sur ses pattes (quelques heures après sa naissance), il est en mesure de courir avec une étonnante endurance. Il est soigné par sa mère pendant six à douze semaines, avant de devenir un membre à part entière du troupeau.

Les bébés à pelage

Qui d'entre nous ne s'est pas senti tout attendri à la vue d'une femelle mammifère, dans sa robe de poils, allaitant et léchant sa progéniture? Aucune classe d'animaux ne prodigue davantage de soins et d'attention à ses petits, souvent pendant des mois ou même des années, jusqu'à ce qu'ils soient devenus complètement indépendants.

Les mammifères sont des animaux à sang chaud qui allaitent leurs petits. De ce fait, un contact étroit unit la mère mammifère à ses petits qui, à leur naissance, sont entièrement dé-

Un jeune nycticèbe (presque trop grand pour être encore accroché au corps maternel) et sa mère, photographiés au flash lors d'une chasse nocturne aux insectes et aux petits lézards.

pendants d'elle pour leur nourriture, constituée exclusivement par le lait maternel jusqu'à ce qu'ils soient en âge d'absorber les mêmes aliments que leurs parents. Il n'est donc pas surprenant qu'un lien physique et émotionnel attache la mère à ses petits, cette attache émotionnelle étant l'une des plus puissantes qui soient dans le règne animal. En outre, les mammifères nouveau-nés sont aussi dépendants de leur mère, et parfois de leur père, parce qu'ils ont besoin de chaleur et de protection, et ils passent généralement par une longue période d'«enfance» qui leur permet de se développer et d'atteindre l'âge adulte tout en apprenant les trucs propres à assurer leur survie dans le monde hautement compétitif de la vie sauvage.

Certains mammifères sont déjà capables, dans les quelques minutes qui suivent leur naissance, de marcher et de se débrouiller dans leur nouveau milieu. Les jeunes antilopes, les girafeaux *(Giraffa camelopardalis)*, les éléphanteaux et les poulains savent marcher pour ainsi dire dès leur naissance. D'autres mammifères nouveau-nés sont aveugles, glabres et absolument sans défense. L'ours polaire *(Thalarctos maritimus)* ne pèse, à sa naissance, que 31 grammes environ et il est aveugle et très faible. Un lapin nouveau-né est également aveugle, et presque sans poils. Dans de tels cas, la mère doit passer beaucoup de temps à nourrir, soigner et protéger ses rejetons. On ne peut manquer d'être frappé par le contraste qui existe, parmi les mammifères, entre ceux qui, à leur naissance, sont faibles et dépourvus de poils et ceux qui sont bien développés et capables de marcher. Dans le groupe des mammifères carnivores, qui comprend notamment les lions, les tigres *(Panthera tigris)*, les ours, les chiens et les renards, les petits viennent généralement au monde aveugles, sans poils et sans défense, tandis que, chez les mammifères ongulés tels que zèbres, chevaux, antilopes, cerfs et girafes, les petits se dressent sur leurs pattes quelques minutes après la naissance et sont bientôt à même de trotter et de téter leur mère tout en suivant le troupeau en train de paître. Cette différence s'explique lorsque l'on examine le mode de vie propre à chacun des deux groupes.

Considérons tout d'abord la vie d'un carnivore, le renard roux, puis celle d'un ongulé, le zèbre. Chez les renards roux, le mâle et la femelle vivent séparés la plus grande partie de l'année, chacun chassant de son côté et ne s'intéressant guère aux autres renards roux. Cependant, quand vient la saison des amours, mâles et femelles se rencontrent et forment des couples. La renarde aménage une chambre spéciale, une «nursery», dans leur terrier et en garnit le fond d'herbes tendres et parfois, de ses propres poils. Puis elle s'y allonge et donne naissance à ses petits, qui sont en général quatre ou cinq. Ces petits sont aveugles, dépourvus de poils et entièrement dépendants de la chaleur, de la protection et du lait maternels. La renarde, quant à elle, est dépendante de son compagnon pour sa nourriture. Toutefois, le renard mâle s'abstient de pénétrer jusque dans la «nursery», car cela provoquerait l'agressivité de la femelle. Les petits naissent généralement à la fin de l'hiver, et tâtonnent à la recherche de l'une des six mamelles de leur mère ; celles-ci, comme chez tous les mammifères, sont situées sous son ventre. La renarde, tandis que ses petits tètent, est allongée confortablement. A ce stade, la seule occupation des renardeaux est de téter, de se reposer et de dormir, leurs yeux ne s'ouvrant qu'après neuf à dix jours. Ils deviennent progressivement plus actifs, et commencent à explorer la litière puis le terrier. C'est seulement lorsqu'ils ont atteint l'âge de cinq semaines environ qu'ils mettent pour la première fois le nez hors du terrier et jettent un coup d'œil sur le monde. A cet

Ci-dessous :
Bien qu'ils soient maintenant tout à fait couverts de fourrure et bien éveillés, ces oursons polaires de quatre mois aiment à se peletonner contre leur mère ; ils y trouvent chaleur et protection.

Page en regard :
La naissance d'une portée de renardeaux se passe dans un terrier. Les petits, dépourvus de poils et aveugles, doivent rester à l'abri tandis que les parents partent en chasse pour nourrir la famille. La renarde, pendant cette période, chasse moins que le renard, car elle doit donner son lait et sa chaleur aux petits. Les renardeaux commenceront bientôt à explorer le terrier, puis le monde extérieur.

Ci-dessus :
Un jeune zèbre, comme la plupart des mammifères herbivores, se tient sur ses pattes une heure après sa naissance et est à même de suivre sa mère au bout d'une journée. Il est essentiel qu'il en soit ainsi, car des prédateurs, tels que les lions, sont à l'affût d'une jeune proie sans défense.

Ci-contre :
Ces petits hérissons, âgés de cinq jours, ont le museau ridé, et leurs piquants commencent à durcir. Ils ouvriront leurs yeux dans neuf jours environ.

Page en regard :
Les lapereaux nouveau-nés sont aveugles et nus, et dépendent complètement de leur mère pour la chaleur, la protection et la nourriture.

âge, ils sont absolument ravissants, boules de fourrure d'un roux sable. Les semaines suivantes se passent à explorer les alentours proches, puis ils partent avec leur mère pour des expéditions de chasse où ils vont apprendre à attraper leur propre nourriture. Ils sont indépendants à l'âge de cinq mois environ et se séparent alors pour trouver leurs propres territoires de chasse.

Si l'on compare l'enfance d'un renard roux à celle d'un zèbre, le contraste est frappant. La femelle ongulée n'a généralement qu'un seul petit, contrairement à la nombreuse portée du renard, et le zèbre nouveau-né est tout à fait développé, couvert d'une robe de poils, yeux ouverts et oreilles dressées. Après s'être libéré du placenta qui l'a contenu pendant les 370 jours de son développement intra-utérin, le poulain essaie instinctivement de se hisser sur ses pattes chancelantes et y parvient après peu de temps. Il tète alors sa mère et, après une ou deux heures, est prêt à la suivre. La mère est générale-

ment désireuse de rejoindre le troupeau qu'elle a temporairement quitté pour mettre bas. Bien que le jeune zèbre reste à proximité de sa mère, il demande bien moins de soins et d'attention que les renardeaux roux. Et ceci s'explique par la différence entre les modes d'alimentation des deux groupes. Le renard roux et la plupart des familles carnivores apparentées sont des chasseurs et disposent d'un gîte où les petits peuvent être laissés tandis que les parents partent à la chasse pour nourrir leur famille. Souvent, ils reviennent au gîte avec un animal fraîchement tué qui fournira la nourriture d'un jour ou plus. Le zèbre et les autres ongulés, quant à eux, se nourrissent de végétaux et sont généralement des animaux sociables, vivant en troupeaux. Ce sont des nomades, continuellement à la recherche de végétation fraîche à brouter, et ils sont exposés à être la proie de carnivores tels que les lions ou les léopards *(Panthera pardus)*. C'est pourquoi le troupeau ne

peut se permettre de rester longtemps à la même place, et les petits doivent être capables de se déplacer rapidement avec le troupeau, afin d'échapper au danger.

Les mammifères tels que hérissons, lapins, souris, toupayes (tupaies) et blaireaux mettent au monde, eux aussi, une progéniture sans défense. Dans la plupart des cas, c'est à la femelle seule qu'incombe l'éducation des petits. Dans la famille des hérissons, le père est parti depuis longtemps de son côté lorsque la hérissonne donne naissance, au début de l'été, à une portée de trois à sept petits. Ils sont aveugles, probablement sourds, car leurs petites oreilles sont repliées, et leurs futurs piquants ne consistent encore qu'en deux touffes de piquants tendres sur le dos. Ils savent, toutefois, comment trouver le lait, et grandissent très rapidement. Leurs piquants poussent et durcissent, et les petits ressemblent bientôt à des hérissons adultes. A l'âge d'un mois, ils savent se mettre en

boule, tout comme leur mère, lorsque quelque chose les effraie.

Les petits du lapin sont eux aussi aveugles, sans poils et virtuellement sans défense en naissant, mais, à la différence de la hérissonne et de la renarde rousse, la lapine ne reste pas en permanence avec ses petits à leur accorder son attention indivise. Les lapins sont des animaux sociables dont les gîtes sont construits sous le sol en une série de terriers reliés entre eux. La lapine portante creuse elle-même son nid, un court terrier, en dehors de la galerie principale des terriers de sa garenne. Elle prépare une couche molle faite d'herbes sèches et de ses propres poils, qu'elle arrache de son corps. Le père, le lapin mâle, n'est absolument pas fiable, et la lapine ne le laisse pas approcher des nouveau-nés,

car il pourrait les tuer. La lapine ne reste pas constamment auprès de ses petits, mais lorsqu'elle sort, elle masque toujours l'entrée de la galerie avec de l'herbe. Elle ne s'absente pas longtemps, revenant fréquemment, afin qu'ils puissent téter. Après dix à quinze jours, les yeux et les oreilles des petits s'ouvrent et leurs corps sont recouverts d'un tendre duvet. Ils se mettent alors à explorer les lieux, et bientôt apparaissent à l'entrée du terrier. Ils commencent à grignoter de l'herbe, et sont dès lors indépendants. Quand ce moment vient, la lapine est probablement déjà grosse d'une nouvelle portée de petits.

La mère lièvre — la hase — est aussi une mère « absentéiste » mais ses petits sont remarquablement différents de ceux de la lapine. La hase met au monde deux à quatre levrauts. Ils naissent avec les yeux ouverts et entièrement revêtus d'un pelage très doux. Ils peuvent utiliser leurs pattes presque immédiatement et sont ravissants. La naissance a lieu au sol, car les lièvres ne vivent pas dans des terriers comme les lapins. La hase dépose chaque levraut dans un gîte individuel, une dépression cachée dans l'herbe haute. Elle leur rend visite à tour de rôle afin qu'ils puissent téter et passe le reste de son temps à se nourrir (surtout au cré-

puscule, à l'aube et pendant qu'il fait sombre) et à dormir. La particularité qui permet aux lapines et aux hases d'abandonner leurs petits pendant des intervalles de temps relativement longs demeure encore une énigme pour les zoologistes. En effet, l'une des fonctions les plus importantes des mères mammifères, outre l'allaitement, est de dispenser la chaleur de leur propre corps aux petits car, chez bien des jeunes mammifères, le système régulateur qui maintient la température au corps à un niveau constant ne fonctionne pas sitôt après la naissance. Chez les petits lapins et les levrauts, apparemment, la régulation de la température du corps s'effectue mieux que chez les autres jeunes mammifères et ils peuvent donc se passer de chaleur maternelle pendant relativement longtemps.

Il y a quelques années, on a découvert un petit de mammifère qui n'est nourri que toutes les quarante-huit heures. On connaissait l'animal adulte, mais les petits n'avaient jamais été observés. Il s'agit des tupaies, qui vivent dans les forêts tropicales du sud-est de l'Asie. C'est un mammifère semblable à l'écureuil, et que l'on croit être une espèce primitive de primate. Les tupaies vivent par couples et la mère construit un nid pour ses petits. La portée compte deux ou trois petits, qui

Un bébé phalanger vulpin à la queue fournie, accroché à une mamelle dans la poche maternelle. Les marsupiaux utilisent leurs fortes pattes antérieures pour se hisser du canal reproducteur jusqu'à la poche maternelle.

pèsent environ 14 grammes chacun.

Les bébés sont aveugles et sourds, et pourvus de quelques poils épars, mais ils peuvent survivre pendant très longtemps sans leur mère. Quand elle revient pour leur donner la tétée, ils absorbent tellement de lait que leurs estomacs gonflent et qu'ils ont l'air pansu. Cette ration de lait riche en protéines et en graisse leur suffit pendant quarante-huit heures, jusqu'à la prochaine visite de leur mère.

Chez les cerfs d'Europe (*Cervus elaphus*), la mère quitte la harde pour mettre bas dans un endroit tranquille, parmi des fougères vertes et tendres, par exemple. Après la naissance, elle nettoie son faon en le léchant, et, lorsqu'il est sec, on peut voir sa robe tachetée. Cette robe joue un rôle important pour la survie du nouveau-né. La plupart des mammifères sont insensibles aux couleurs et ne voient le monde qu'en tons monochromes, comme nous le voyons sur un écran

de télévision en noir et blanc ; le faon tacheté, couché tout tranquille à l'endroit où il est né, est camouflé par sa robe, qui ressemble au jeu d'ombre et de lumière qui passe sur les fougères et les plantes d'alentour. En outre, le faon n'a pas d'odeur corporelle, car ses glandes odoriférantes ne fonctionnent pas pendant les premiers jours de sa vie. Aussi est-il à l'abri des prédateurs, et sa mère peut s'éloigner pendant des heures pour se nourrir.

C'est en Australie et en Amérique du Sud que l'on rencontre les mammifères les moins développés à la naissance. Parmi ceux-ci, se trouve le groupe des monotrèmes primitifs d'Australie, qui pondent des œufs comme leurs ancêtres reptiles et comme les oiseaux. L'ornithorynque (*Ornithorhynchus anatinus*) d'Australie orientale passe une bonne partie de son temps à nager dans les courants lents et se retire dans un réseau souterrain de terriers pour dormir ou lorsqu'il est en danger. L'ornithorynque femelle portante pond un ou deux tout petits œufs (de la taille de moineaux) sur un lit d'herbe tendre et les couve pendant environ onze jours jusqu'à ce qu'ils éclosent. Les petits sont minuscules — 25,4 millimètres de longueur

— et ils se nourrissent du lait de leur mère. Celle-ci n'a pas de mamelles, comme les autres mammifères, mais elle répand autour de sa panse le lait sécrété par ses glandes lactifères, et les minuscules ornithorynques le boivent. Après quatre mois environ, entièrement recouverts de poils, les petits sortent du terrier. D'autres mammifères pondeurs d'œufs sont les échidnés d'Australie et de Nouvelle Guinée. L'œuf unique est introduit par la mère dans sa poche, et lorsqu'il éclôt, onze jours environ après la ponte, un petit, aveugle et nu, en sort, qui se nourrit de lait sécrété par la mère dans la poche.

Les mammifères à poche ou marsupiaux d'Australie, d'Amérique du Sud et d'Amérique centrale donnent naissance à des petits qui ressemblent plutôt à des fœtus qu'à des petits vivants. Cependant, ces minuscules créatures inachevées, aveugles et glabres savent, à leur naissance, comment se hisser de l'orifice par où elles sont venues au monde (entre les jambes de leur mère) jusqu'à la poche. La poche ventrale d'une marsupiale est comme un berceau vivant pour les petits qui y reposent, accrochés à l'une des mamelles nourricières, jusqu'à ce qu'ils soient assez développés pour entreprendre l'exploration du monde extérieur. Le temps passé dans la poche diffère selon l'espèce.

Les marsupiaux ont été les prédécesseurs des vrais mammifères à placenta, et ils étaient répandus autrefois dans le monde entier. On pense que la concurrence des véritables mammifères, plus adaptables qu'eux, les a peu à peu éliminés d'Europe, d'Asie et d'Amérique du Nord, mais qu'ils ont survécu en Australie et en Amérique du Sud parce que, tandis que l'évolution des autres mammifères se poursuivait ailleurs, ces deux continents étaient coupés du reste du monde. Cependant, il existe encore différentes sortes de mammifères à poche dont le mode de vie ressemble beaucoup

à celui de véritables mammifères.

Les plus connus des marsupiaux sont probablement les kangourous et les koalas *(Phascolarctus cinereus)*. Le développement du kangourou roux *(Macropus rufus)* a été bien étudié et est un parfait exemple du type de reproduction des marsupiaux. Un mois environ après l'accouplement, la femelle s'assied, les pattes postérieures largement écartées et un minuscule bébé kangourou sort de l'orifice cloacal situé entre les deux pattes postérieures de la mère. Le nouveau-né pèse moins d'un gramme et il a environ 2 centimètres de longueur.

Le petit pourrait facilement loger dans une cuillère à thé. Bien qu'il soit aveugle et glabre et, d'une façon géné-

Une mère kangourou, avec son petit niché dans le sûr abri fourni par la poche maternelle. Le petit quitte la poche pour se nourrir de la végétation broussailleuse qui pousse dans son Australie natale, mais il s'y précipite au moindre signe de danger.

rale encore en état de gestation peu avancé, ses membres antérieurs sont parfaitement développés. Le nouveau-né en fait usage pour grimper dans la poche en s'agrippant avec ses minuscules griffes le long d'un chemin que la mère trace dans sa fourrure en la léchant et, ayant atteint son but, il s'accroche à l'une des quatre mamelles. Il restera suspendu à celle-ci pendant plusieurs mois, jusqu'à son plein développement. Ce n'est que six ou huit mois plus tard que le kangourou sort

pour la première fois sa tête de son berceau vivant et jette un coup d'œil sur ce qui l'entoure. Bientôt, il est prêt à grignoter de l'herbe avec sa mère, mais au premier signe de danger, il se précipite, tête la première, dans l'abri de la poche. Là, il se tortille dans tous les sens et sort enfin sa tête pour voir d'où vient le danger. A l'âge d'une année et même plus tard, le jeune kangourou essaiera encore de se cacher dans la poche de maman. Cependant, la poche se fait étroite, et sans doute cela est-il assez inconfortable pour la mère, car, lorsqu'elle en a assez, elle attrape le jeunot par la queue et le rejette.

Beaucoup de marsupiaux, notamment les wombats, les koalas, les wallabies et les phalangers, ne donnent naissance qu'à un seul petit. Ce sont parmi les mammifères à poche, ceux dont la taille est la plus grande, les marsupiaux de plus petite taille donnant généralement naissance à plusieurs petits qui se pressent dans la poche maternelle. En Amérique, la femelle de la sarigue *(Didelphis virginiana)* met parfois au monde jusqu'à plus de vingt petits, mais comme elle n'a que quatorze mamelles, certains petits sont condamnés à mourir. Lorsqu'ils quittent la poche, les petits se cramponnent à leur mère afin de se faire transporter comme qui dirait en auto-stop. Ils le font encore lorsqu'ils ont atteint la moitié de sa taille, si bien qu'elle plie sous son chargement. La mère koala et sa progéniture, qui semblent toujours s'étreindre amoureusement, forment un merveilleux tableau. Toutefois, comme toutes les mères, celle-ci protège son petit en se montrant très agressive et est prête à lancer un puissant coup de ses griffes acérées, si quelque étourdi s'approche de trop près.

Les marsupiaux ne sont pas les seuls animaux à pelage qui transportent leurs petits. Parmi les mammifères, nombreux sont ceux qui, en cas de besoin, emportent leurs petits et les amènent dans un endroit plus sûr ou dans un nouveau gîte. Les chats et les chiens sauvages prennent leurs petits un à un par la peau du cou pour les conduire à l'abri si un danger menace. Si l'on dérange la nichée d'un rongeur tel que le rat ou la souris, l'animal adulte, malgré sa petite taille, prendra soin de déplacer sa progéniture. Le castor, un rongeur de grande taille qui construit des digues et des abris sur les rivières d'Europe et d'Amérique, porte ses petits à l'aide de ses pattes antérieures et de ses dents, et marche dressé sur ses pattes arrière. La structure de son corps lui permet de pren-

En haut :
Des sarigues du genre *Didelphis virginiana* (« opossum de la Virginie »), âgées de huit semaines, se tiennent sur le dos de leur mère : complètement développées, elles sont maintenant trop grandes pour demeurer dans la poche marsupiale.

En bas :
Un raton laveur *(Procyon lotor)* de sexe féminin transporte son petit dans un endroit plus sûr, au milieu de la brousse arizonienne, dans l'Ouest des Etats-Unis.

Page en regard :
Un jeune koala *(Phascolarctus cinereus)* partage un repas de feuilles d'eucalyptus avec sa mère. Il est souvent à cheval sur le dos de celle-ci et broute par-dessus son épaule.

Pages suivantes :
L'alpaga *(Lama pacos)* est très apprécié pour sa laine. Le petit alpaga tète sa mère durant six à douze semaines, avant de devenir un membre indépendant du troupeau.

Un jeune babouin commence par s'accrocher à la poitrine de sa mère, mais il apprend vite à monter sur son dos à la façon d'un jockey, se déplaçant partout avec elle.

dre cette posture car elle lui est nécessaire pour couper des arbres avec ses grandes incisives. Certains mammifères placentaires transportent leurs petits sur leur dos. Tel est le cas pour les petits des pangolins et des fourmiliers d'Amérique du Sud, des paresseux *(Melursus ursinus)* et des singes, et le tableau ainsi formé est des plus plaisants à voir. Plus extraordinaire encore est le spectacle offert par un bébé hippopotame *(Hippopotamus amphibius)* chevauchant le dos de sa mère alors qu'elle nage nonchalamment dans sa rivière ou son étang coutumiers en Afrique. Les petits des singes et des babouins, qui vivent groupés en grandes communautés en Afrique et en Asie, s'accrochent à leur mère dans diverses postures au fur et à mesure qu'ils grandissent. D'abord, le bébé singe s'accroche à l'aide de ses doigts et de ses orteils au ventre de sa mère, tandis qu'elle vaque à la recherche de nourriture avec le reste de la bande. Puis, comme il grandit, il adoptera la posture du jockey, à cheval sur le dos maternel, comme nous montons un cheval. La mère singe est fort agile

pour grimper aux arbres, et elle peut utiliser un de ses bras pour maintenir le petit afin qu'il ne tombe pas de son dos. Diverses races de guenons — gorille *(Gorilla gorilla)*, orang-outan *(Pongo pygmaeus)*, chimpanzé *(Pan troglodytes)* et gibbon — font de même.

Chez les mammifères vivant la tête en bas, les petits disposent d'un berceau vivant. Le paresseux à trois doigts, dans leur jungle tropicale sud-américaine, passent presque toute leur vie dans une cécropie (figuier d'Amérique) et le petit repose sur le ventre de sa mère, protégé par les bras et les jambes maternels pendants. Les petits du phalanger volant d'Asie du Sud-Est disposent d'un berceau encore plus sûr. Cet étrange mammifère se glisse d'arbre en arbre en utilisant les membranes de peau, qui s'étendent autour de son corps à partir du menton jusqu'aux doigts, aux orteils et à la queue. Au repos, la mère se suspend la tête en bas, et le petit est à l'abri dans ce berceau naturel.

La plupart des chauves-souris transportent leurs petits durant les

Une chauve-souris donne naissance à un seul petit ou à des jumeaux. Le bébé s'accroche instinctivement au corps de sa mère et l'accompagne au cours de ses expéditions. Lorsqu'il devient trop lourd, la chauve-souris le suspend à un perchoir, tandis qu'elle s'en va chasser la nourriture.

premiers jours de leur vie et ceci est vraiment un exploit, car les chauves-souris sont, parmi les mammifères, les seuls qui volent réellement. La petite chauve-souris s'accroche étroitement au corps de sa mère, et se déplace partout avec elle. Par la suite, la mère suspend sa progéniture à un perchoir avant de s'envoler pour une expédition de chasse.

Parmi ces scènes familiales, l'une des plus amusantes se rencontre chez certaines espèces de musaraignes. Une fois que sa portée est capable de se mouvoir et de marcher, la mère musaraigne se met en branle et tous les petits « suivent le guide », chacun d'entre eux happant une touffe de poils du derrière ou de la queue de celui qui est devant lui. La famille part en quête de vers de terre et d'insectes. De même lors d'un chaud après-midi, l'auteur a

Naissance d'une gazelle *(Gazella thomsoni)*. La mère gît sur le côté, tandis que les pattes antérieures du petit émergent de l'orifice vaginal. Les pattes sont bientôt suivies par le reste du corps ; la gazelle avale immédiatement la poche embryonnaire qui pourrait attirer des prédateurs. Ensuite, elle doit nettoyer son petit en le léchant, avant qu'il ne tente de se hisser sur ses pattes, en quête du lait maternel.

observé une famille de cinq ou six hermines *(Mustela erminea)* traversant à la queue leu leu une route à six pistes.

La durée pendant laquelle un petit tète sa mère varie d'une espèce de mammifères à l'autre. Le géant des mammifères au sol, l'éléphant, bat tous les records, l'éléphanteau tétant pendant deux ans. L'éléphant a la plus longue période de gestation parmi les mammifères; celle de l'éléphant d'Afrique *(loxodonta africana)* s'étend sur environ vingt et un mois. Si l'éléphant adulte sait boire l'eau en aspirant dans sa trompe une grande quantité de liquide qu'il déverse ensuite dans son orifice buccal, l'éléphanteau doit apprendre comment utiliser sa trompe. Lorsqu'il tète, il l'enroule et dirige son orifice buccal vers l'une des deux mamelles, situées entre les jambes antérieures de sa mère. Le cycle de vie de l'éléphant est très semblable à celui de l'homme, l'éléphant devenant pubère à quinze ans environ et vivant jusqu'à l'âge de soixante ou soixante-dix ans. La plupart des autres mammifères sont sevrés bien plus vite, la plupart d'entre eux après quelques semaines.

Dans la nature, les mères mammifères sont pour la plupart capables de mettre bas et de soigner leurs petits avec une adresse absolument remarquable. Bien qu'il n'y ait là ni cours prénatals, ni médecins, ni sages-femmes, ni spécialistes pour les assister lorsqu'elles mettent bas, la plupart des mères néophytes savent, semble-t-il, exactement comment faire, comment nettoyer le petit juste après qu'il soit né, comment le nourrir, souvent comment le pousser jusqu'à leurs mamelles, et comment le maintenir propre. Dans une grande mesure, le comportement maternel est inné, répondant à une connaissance instinctive, qui règle le comportement de la plupart des animaux inférieurs, des invertébrés, et, en grande partie, des vertébrés les moins évolués. Cependant, bien qu'il en soit ainsi, chez les mammifères vivant en groupes ou en communautés, les femelles s'observent et s'enseignent mutuellement comment faire, et cet apprentissage joue un rôle important.

Nous savons qu'à l'état sauvage, les mères orangs-outans, gorilles, gibbons et chimpanzés apprennent comment élever leurs petits en observant les naissances et les soins dans le cadre du groupe familial. Tel est également le cas chez plusieurs espèces de singes et de babouins qui vivent en bandes. Les échecs partiels d'élevage en captivité sont souvent dus au fait que, faute d'apprentissage naturel, la mère ignore ce qu'elle doit faire pour le petit être

humide à qui elle a donné naissance. Il arrive qu'elle refuse de s'en occuper, ou parfois même qu'elle le tue. Lorsque des gardiens de zoos observent ce genre de comportement chez la mère, ils lui ôtent le petit et l'allaitent au biberon, comme on le fait pour beaucoup de bébés humains.

Comme c'est la femelle qui donne naissance à sa progéniture et la nourrit, c'est généralement à elle qu'incombe la charge de l'élever. Les mammifères mâles s'accouplent souvent avec plusieurs femelles et il arrive aussi que la femelle s'accouple avec plusieurs mâles, auquel cas, lorsque les petits naissent, il n'y a ni liens familiaux, ni relations de consanguinité. Il en est notamment ainsi chez des mammifères ongulés tels que les cerfs, les zèbres et les antilopes, chez lesquels le lien avec le père n'existe pas. Toutefois, parmi d'autres races — chez les

renards et les chacals, par exemple —
le père tient son rôle familial et accom-
plit certaines tâches. En général, sa
fonction consiste à trouver de la nourriture et à en pourvoir sa famille. Il arrive même, dans certains cas, que le
mâle s'occupe plus directement des
petits ; on observe ce comportement
chez les ouistitis et les tamarins, petits
singes d'Amérique du Sud, ainsi que
chez le siamang (Symphalangus syn-
dactilus), petit singe de l'Asie du Sud-
Est. Chez les ouistitis, la femelle met
généralement au monde des jumeaux
que le père prend en charge peu après
leur naissance, en les transportant accrochés à son dos ou enroulés autour

de son cou comme une écharpe. La
mère ne s'occupe d'eux qu'au moment
des tétées. Et chez les siamangs,
lorsque le petit est sevré, la femelle
semble s'en désintéresser, et le mâle
prend alors en charge son éducation,
jusqu'au moment où le petit devient
indépendant.

Il arrive aussi que ce ne soient pas
seulement les parents qui s'occupent
de l'éducation des petits. Parmi la population simiesque des langurs, toutes
les femelles se regroupent autour de la
mère nouvellement accouchée, et s'occupent des petits à tour de rôle. Ce
type de comportement est généralement appelé comportement de « mar-

raine » ou de « tante ». On rencontre
de ces « tantes » d'adoption chez plusieurs espèces de mammifères, particulièrement lorsque ceux-ci vivent en
communautés telles que troupes, troupeaux, hordes ou meutes. On pense
que les girafeaux (Giraffa camelopardalis) et les jeunes hippopotames
(Hippopotamus amphibius) ayant atteint un certain âge sont pris en charge
par des « tantes » adultes et que, souvent, ils grandissent ensemble dans
une sorte de crèche, qui rend leur surveillance plus aisée.

Le jeu est chez les jeunes mammifères un élément éducatif important,
puisqu'en jouant, ils acquièrent, et dé-

veloppent l'adresse et les connaissances pratiques qui leur seront nécessaires durant leur vie adulte. Les différentes races de jeunes carnivores doivent apprendre les divers tours et techniques propres à la chasse. Dès qu'ils sont en âge de le faire, ils se mettent à l'affût et font la chasse à leurs frères, sœurs et parents, fondant sur eux, et s'exerçant à grimper aux arbres. Nous avons tous observé un chaton ou un chiot donnant la chasse à sa propre queue ou se précipitant sur une balle ; leurs parents sauvages, lionceaux, renardeaux et jeunes blaireaux *(Meles meles)*, agissent de façon similaire. Leurs ébats ludiques semblent parfois assez féroces, tandis qu'ils se prènnent à la gorge et se donnent des coups de pattes mutuels, mais ils ne se font pas de mal. Ils savent d'instinct jusqu'à quel point ils peuvent aller sans se blesser jusqu'au sang. Le jeu leur per-

met aussi d'exercer la maîtrise de leurs muscles et la précision de leurs mouvements. En grandissant, les petits des bêtes de proie accompagnent leur(s) parent(s) à la chasse et apprennent ainsi comment les choses se passent réellement. Ils deviennent graduellement assez adroits pour attraper leur propre nourriture, puis atteignent finalement à la maîtrise de leur art et peuvent alors s'en aller vivre leur propre vie. Il arrive aussi qu'à un certain moment leurs parents les chassent.

Chez les mammifères ongulés, les petits, bien qu'ils sachent marcher et courir sans difficulté quelques jours après leur naissance, jouent cependant les uns avec les autres afin de parfaire leur adresse à la course et au saut, qualité essentielle lorsqu'ils seront pourchassés par des carnivores affamés. Les faons des cerfs et des daims *(Dama dama)* jouent à se poursuivre

Une ourse brune de l'Alaska *(Ursus arctos)* s'occupe encore de ses trois oursons et surveille leurs activités, bien qu'ils aient maintenant une année et qu'ils soient sur le point d'être indépendants.

autour d'un monticule ou d'un arbre. Les chevrettes jouent à saute-mouton par-dessus le dos de leurs parents, ou à sauter par-dessus des rochers escarpés.

Parmi les races les plus intelligentes de mammifères, on observe parfois des comportements qui ne semblent pas avoir pour seul but l'apprentissage de la vie adulte. Par exemple, un jeune chimpanzé s'amusera pendant plusieurs minutes à s'habiller avec des morceaux de végétaux et à faire des sauts périlleux. Fort vraisemblablement, il est tout simplement en train de jouer et de prendre du bon temps.

La nursery aquatique

Pour la plupart des créatures aquatiques, le processus de reproduction est relativement simple. Le mâle et la femelle répandent respectivement leur sperme (laitance chez les poissons) et leurs œufs dans l'eau et ceux-ci se rencontrent et se mélangent au hasard, la fécondation se produisant ainsi. Telle est la manière dont les choses se passent en eau douce et dans la mer, pour des espèces allant des vers d'eau, étoiles de mer et oursins aux poissons tels que maquereaux, harengs et carpes. Il existe cependant des exceptions dans presque toutes les espèces aquatiques et il s'y rencontre des modes de reproduction et des conditions de croissance des jeunes assez étonnants.

Enfants de la manne

Les mers salées de la planète sont le milieu où se sont développées les premières créatures vivantes et ces mers abritent encore des millions d'animaux. Les eaux chaudes de surface, pleines d'oxygène et de substances nutritives sont la demeure idéale pour des milliers de très jeunes animaux de mer. Bien des créatures des profondeurs marines font en sorte que l'existence de leur progéniture débute dans ce milieu qui leur donnera le meilleur départ possible dans la vie. On appelle plancton — ce qui signifie « errant » — la sorte de mouchetures vivantes que forme, à la surface des eaux, l'assemblage des myriades d'animaux et de plantes qui y vivent en suspension. Les six dixièmes, environ, du plancton sont constitués d'algues unicellulaires appelées diatomées. Le reste est formé non seulement de plantes minuscules, mais aussi d'essaims de créatures infimes représentant, pour ainsi dire,

presque toute la souche biologique du règne animal, ainsi que de la progéniture minuscule de milliers d'espèces de poissons. Les larves de vers plats, d'oursins, de crabes, de balanes (bernacles), de lépas (patelles), d'étoiles de mer, d'ophiures, de copépodes et d'ascidies ne sont que quelques-uns des invertébrés qui vivent et grandissent ensemble dans le plancton. Presque toutes ces larves sont de minuscules créatures translucides et gélatineuses pourvues de cils vibratiles qui les aident à se maintenir à la surface de l'eau. Bien que les larves n'aient souvent entre elles qu'une parenté éloignée, elles se ressemblent beaucoup plus entre elles qu'elles ne rappellent leurs parents.

Parmi les plus belles larves du plancton l'on trouve celles des astéries et des ophiures, ainsi que les larves d'oursins, de salasters et d'holothuries qui toutes font partie du vaste phylum des échinodermes. Pour la plupart des espèces, les œufs et le sperme sont répandus dans la mer par les habitants adultes des profondeurs, où la fécondation a lieu : les œufs fécondés flottent jusqu'au plancton et il leur vient de longs bras, raffermis par des sortes de bâtonnets. Les larves flottent pendant un certain temps, tandis qu'elles prennent leur forme adulte, puis sombrent lentement dans le lit de la mer, et alors commence leur vie d'adulte.

Les crustacés, tels que les crabes, les crevettes et les balanes vivent dans le plancton durant la période qui suit immédiatement l'éclosion. Le crabe et le homard femelle transportent la masse formée par les œufs fécondés sous les segments de leur queue recourbée, et, lorsque les larves éclosent, elles remontent à la surface afin de se mêler

au plancton. On dénomme cette progéniture *larvae nauplii*.

La balane est un crustacé qui vit la tête en bas, dans sa carapace chitineuse et qui utilise ses appendices pour attirer à elle de minuscules parcelles de nourriture. Elle se fixe aux rochers ou à n'importe quel objet flottant en mer, même à la baleine. Les balanes commencent leur vie à l'état larvaire dans le plancton et possèdent des sortes d'antennes pointues extrêmement fines à l'avant de leur carapace. Elles

passent par plusieurs métamorphoses avant de dériver et d'échouer sur un rocher ou une autre surface à laquelle le minuscule animal se colle grâce à des sécrétions glandulaires.

La méduse, qui nage librement, par pulsations, a un cycle de vie intéressant. L'œuf fécondé se fixe, puis croît sous une forme assez semblable à celle d'une anémone de mer. En se développant, son corps se divise en fines sections ressemblant à des assiettes empilées. Ces sections se détachent l'une

Une magnifique anémone de mer *(Actinia equina)* ; les jeunes anémones, nées récemment par bourgeonnement, sont les répliques de l'animal adulte.

après l'autre et dérivent sous la forme de minuscules méduses appelées éphyres, tout en continuant à se développer dans le plancton. En dépit de leur fragilité, ces petites méduses sont des prédateurs impitoyables qui dévorent toutes sortes de larves du plancton.

Bien des poissons, dont certains

sont une précieuse source d'alimentation pour les humains, produisent des larves qui passent les quelques premiers mois de leur vie dans le plancton. La morue *(Gadus morrhus)*, le maquereau, le merlus, la plie ou carrelet *(Pleuronectes platessa)*, le flétan et le hareng produisent chacun une progéniture sans défense qui se développe dans le riche bouillon de culture du plancton. Les parents se rassemblent en immenses bancs dans certains endroits appropriés et les individus des deux sexes répandent leurs œufs et leur laitance dans l'eau. Les œufs fécondés sont ensuite abandonnés par les poissons adultes et livrés à la merci des conditions matérielles ambiantes. Semblable en cela aux autres enfants du plancton, cette progéniture est à la merci des vents et des courants, souvent, les œufs sont dévorés par d'autres poissons ou d'autres carnivores marins, souvent aussi, ils périssent à la suite de changements de température. Des estimations ont montré que moins d'un œuf de morue sur un million deviendra une morue adulte. Les œufs de la morue éclosent après quatorze ou quinze jours, et les larves, qui mesurent environ 5 millimètres, se nourrissent des restes du vitellus. A une semaine environ, elles commencent à dévorer d'autres habitants du plancton, avec une préférence marquée pour les larves des petits crusta-

cés copépodes. A dix semaines, elles mesurent de 2 à 2,5 centimètres de longueur, et elles commencent à descendre se nourrir dans le lit de la mer, dans les eaux côtières peu profondes. Elles mangent alors de petits crustacés et des vers. Les morues qui survivent après une année ont de 15 à 18 centimètres de longueur et sont capables de dévorer des animaux, y compris des poissons, aussi grands qu'elles-mêmes.

Le développement des jeunes pleuronectes est particulièrement intéressant. La plie, la sole *(Solea solea)* et d'autres poissons plats commencent leur vie sous la forme d'œufs flottants qui éclosent en minuscules larves de 5 millimètres environ. Celles-ci se nourrissent d'abord de diatomées, et lorsqu'elles ont atteint l'âge de six à huit semaines, elles ont doublé de taille et se nourrissent de proies plus grandes dans le plancton. Puis elles se laissent descendre pour s'établir dans le fond de la mer où elles reposent, étendues sur un côté. Chez les plies, c'est généralement le côté gauche. Progressivement, comme le poisson grandit, l'œil gauche se déplace par-dessus le sommet de la tête vers le côté droit, et la bouche se tord. Le côté supérieur du corps acquiert une pigmentation foncée, tandis que le côté gauche, caché, reste pâle. Les mouvements latéraux du petit poisson dans le plancton se transforment en mouve-

Ci-dessus :
L'alevin de pleuronecte est encore symétrique ; il a la forme classique du hareng. Mais par la suite, il va se fixer au fond de la mer et reposer définitivement sur un seul côté (généralement le côté gauche) : l'œil gauche se déplace alors lentement par-dessus le sommet de la tête et se rapproche de l'œil droit pour regarder comme celui-ci vers le haut. On voit ici une plie, nageoires ventrales nous faisant face.

Page en regard :
Les petites anguilles éclosent dans la mer des Sargasses, à l'Ouest de l'Atlantique. Appelées après leur naissance « larves leptocéphales », elles se laissent ensuite dériver en direction des fleuves d'Europe et d'Amérique et se transforment alors en civelles transparentes. Puis elles remontent le courant des fleuves, dans lesquels elles s'établiront pour de nombreuses années.

ments ascendants et descendants, et le poisson vit alors à la manière typique des poissons plats.

Certains poissons passent leur vie adulte dans l'eau douce et n'utilisent la mer que comme nursery. Les anguilles d'Amérique *(Anguilla bostoniensis)* et d'Europe *(Anguilla anguilla)* en sont des exemples bien connus. Les poissons adultes voyagent le long des rivières et des cours d'eau d'Amérique et d'Europe jusqu'à la mer et rejoignent les fonds marins où ils se reproduisent, dans la mer des Sargasses, dans l'océan Atlantique occidental. Les œufs fécondés éclosent sous la

trois ans plus tard, et après une année encore, au large de la côte américaine au nord-ouest de l'Atlantique. Elle se transforme alors en anguilles minces et cylindriques, encore transparentes, appelées civelles. En pénétrant dans les eaux douces, leurs corps changent, pour s'adapter à ce nouveau milieu. Les jeunes anguilles passent plusieurs années dans l'eau douce, atteignant peu à peu leur plein développement, jusqu'à ce qu'elles soient à même de se reproduire, et de commencer leur long voyage migrateur. Les blanquettes de Nouvelle Zélande *(Galaxias attenuatus)* pondent elles aussi leurs œufs dans la mer, cependant qu'elles passent leur vie adulte dans les courants rapides des îles.

Parmi les poissons cartilagineux de grande taille — requins, raies et chiens de mer — plusieurs sont vivipares. Tel est le cas des requins bleus, des requins marteaux et des grands requins blancs anthropophages *(Carcharodon carcharias)*. Beaucoup d'espèces plus petites de raies et de chiens de mer pondent un petit nombre d'œufs, chacun protégé par une dure coquille qui a une consistance de corne, ou par une enveloppe aplatie et oblongue. De même que l'œuf, l'enveloppe contient une certaine quantité d'une substance albumineuse (blanc d'œuf). Les quatre

Ci-dessus :
Une roussette ou chien de mer : lorsqu'il atteint son plein développement, ce poisson doit se dégager de son « oreiller de mer », sorte de fourreau qui entoure l'œuf coriace dans lequel il s'est développé.

Ci-contre :
Ces jeunes tortues vertes *(Chelonia mydas)* ont heureusement rejoint les eaux chaudes en quittant leur nid dans le rivage sablonneux, mais bien des dangers les menacent encore. Elles courent le risque d'être mangées par des poissons prédateurs, des oiseaux ou d'autres animaux marins, et parmi les douzaines de tortues issues de chaque nid, deux ou trois seulement survivront.

Page en regard :
Une mère phoque du Groenland *(Pagophilus groenlandicus)* avec son joli petit à la fourrure blanche. Ce pelage mue après dix jours environ, et devient gris tacheté. Les bébés phoques sont tués par milliers pour leur peau, bien que de grands efforts aient été déployés pour arrêter la tuerie de ces jeunes animaux sans défense.

forme de larves transparentes et plates, semblables à des feuilles, appelées *leptocéphales.* Cette progéniture dérive avec les courants océaniques et aboutit dans les eaux d'Europe occidentale et méditerranéennes environ

coins sont généralement étirés en sorte que la vrille puisse s'enrouler autour d'algues ou d'autres objets au sol qui serviront d'ancrage à l'œuf pendant son développement. Ce dernier dure de quatre mois et demi à seize mois selon les espèces. Finalement, le petit poisson s'échappe par une fente à un bout de la capsule. On a donné à ces capsules différents noms, tels que « bourses de marin », « bourses de sirène » ou « oreillers de mer ». On en voit parfois sur le rivage apportées par la marée.

Bien que la plupart des poissons à squelette ossifié vivant dans les immenses étendues océaniques et maritimes du monde se contentent de répandre dans l'eau des milliers d'œufs et les laissent éclore d'eux-mêmes, quelques espèces font preuve néanmoins d'un certain intérêt pour leur progéniture. Plusieurs sortes de poissons vivant au voisinage des côtes pondent un nombre d'œufs restreint et s'en occupent dans une certaine mesure. Parmi les gobies, blennies, ventouseurs et chabots, notamment, il en est un grand nombre qui déposent leurs œufs dans des fissures, des crevasses ou des coquilles de bivalves morts, par mesure de sécurité. Il est fréquent que le mâle monte la garde et, chez certaines espèces, il étreint les œufs entre ses doubles

nageoires, les couvant en quelque sorte. La gonnelle *(Pholis gunnellus)* forme avec ses œufs une boule de la taille d'une noix du Brésil et s'enroule autour d'eux jusqu'à ce qu'ils éclosent. Le cline (argenté) qui est une blennie vivant dans les eaux des Antilles, pond ses œufs à l'intérieur d'éponges vivantes. Le jeune poisson demeure quelque temps à l'intérieur de l'éponge, se nourrissant de petit plancton qui y pénètre, mêlé aux courants d'eau aspirés par l'éponge.

Les eaux les plus chaudes des océans sont la demeure des jeunes tortues. Appartenant à l'espèce des reptiles, les tortues, après une gestation de sept à dix semaines, éclosent d'œufs de consistance coriace, pondus sur les plages sablonneuses, juste au-dessus de la ligne atteinte par la marée haute. Les tortues nouvellement écloses doivent se frayer leur chemin jusqu'à la surface du sable ; cela se passe généralement à la nuit tombée, lorsque la température est plus fraîche et qu'il n'y a pas d'ennemis dans les parages. D'instinct, elles connaissent la direction de la mer et « pagaient » vigoureusement dans le sable avec leurs minuscules nageoires pour atteindre l'eau. Ce très court voyage vers l'eau s'avère souvent mortel pour ces nouveau-nés, beaucoup se faisant dévorer par cra-

bes, serpents, goélands, frégates ou cuons *(Cuon javanicus)*. Il arrive même que des tigres les mangent. Quand elles atteignent la mer, elles nagent vers des eaux plus profondes, mais là encore, la plupart d'entre elles sont mangées par les poissons carnivores.

Les phoques et les otaries quittent les océans une fois par année pour mettre au monde leurs petits. La naissance peut avoir lieu sur un rivage sablonneux ou rocheux — c'est le cas chez le phoque gris *(Halichoerus grypus)* et chez le veau marin *(Phoca vitulina)* — ou sur la glace — comme c'est le cas chez le phoque du Groenland *(Pagophilus groenlandicus)* et chez le phoque de Weddell *(Leptonychotes weddelli)*. La période de gestation dure généralement de huit à douze mois, et le plus souvent, la mère donne naissance à un seul petit, les jumeaux étant rares. Tous les phoques savent nager de naissance, mais plusieurs espèces doivent préalablement engraisser, la couche de lard ainsi acquise étant ce qui leur conférera la légèreté nécessaire pour flotter et les protégera contre le froid de l'eau. Cela prend plusieurs semaines. Néanmoins, les petits grandissent rapidement pendant la période d'allaitement, car le lait de la mère phoque est particulière-

Ci-dessus :
Une loutre de mer *(Enhydra lutris)* et son petit d'une semaine. Le petit de la loutre naît généralement sur le rivage mais s'acclimate fort vite à l'eau salée ; il se repose et se nourrit sur le ventre de sa mère.

ment riche, contenant environ 50 % de matières grasses. Certaines espèces de jeunes phoques sont ravissantes, avec leurs robes blanches et laineuses. Chez les phoques du Groenland, cette parure est particulièrement importante. Cette robe blanche, indépendamment de la chaleur qu'elle leur confère, facilite le camouflage sur la glace, lorsque la mère part à la recherche de nourriture. Le jeune phoque du Groenland mue après une période de vingt à vingt-six jours et prend son pelage d'adulte. Peu après, il pénètre dans la mer et se nourrit essentiellement, pour commencer, de petits crustacés.

La belle loutre de mer *(Enhydra lu-* *tris),* qui vit dans les eaux du Pacifique, ne quitte sa demeure océane que brièvement, pour donner naissance à son unique petit. Le petit est bien développé à la naissance, ses yeux sont ouverts, il a toutes ses dents de lait, et est revêtu d'un pelage bien fourré. La mère loutre emmène immédiatement son petit dans l'eau et lui porte une attention diligente et soutenue, le soignant tandis qu'il repose sur sa poitrine et qu'elle nage ou se laisse dériver sur le dos. Le petit reste avec elle pendant une année ou plus, période pendant laquelle il apprend l'art de chasser pour se procurer sa nourriture, qui consiste en oursins, palourdes, crabes et moules, et, parfois, pieuvres.

Les baleines et les dauphins sont des mammifères qui engendrent dans l'eau et qui, comme les phoques, ne mettent généralement au monde qu'un seul petit. La gestation est longue, durant onze à seize mois, selon les espèces. Le petit, à sa naissance, est de grande taille, variant généralement entre un quart et un tiers de la longueur de sa mère. Une mère baleine bleue de 23 mètres de longueur donne naissance après dix à onze mois de gestation à un baleineau d'environ 7,5 mètres de longueur. Le baleineau double de taille pendant la période d'allaitement qui dure de six à sept mois.

Immédiatement après sa naissance, le baleineau ou le jeune dauphin doit accéder à la surface de l'eau afin de s'approvisionner en air. On a observé que la mère dauphin pousse son petit vers la surface et vraisemblablement, tel est le cas pour toutes les espèces. La mère flotte à son côté afin que sa progéniture puisse téter et respirer en même temps. Ensuite, le petit apprend à téter sous l'eau. Les mamelles de la mère sont enfoncées dans deux fentes parallèles de chaque côté de l'orifice destiné à la reproduction. La mère peut contracter certains muscles de son corps, et faire descendre le lait sécrété par ses glandes mammaires dans la bouche du petit, par l'intermédiaire des mamelles. La progéniture des dauphins et des baleines grandit rapidement, et ceci est partiellement dû à la haute teneur en calcium et phosphore du lait.

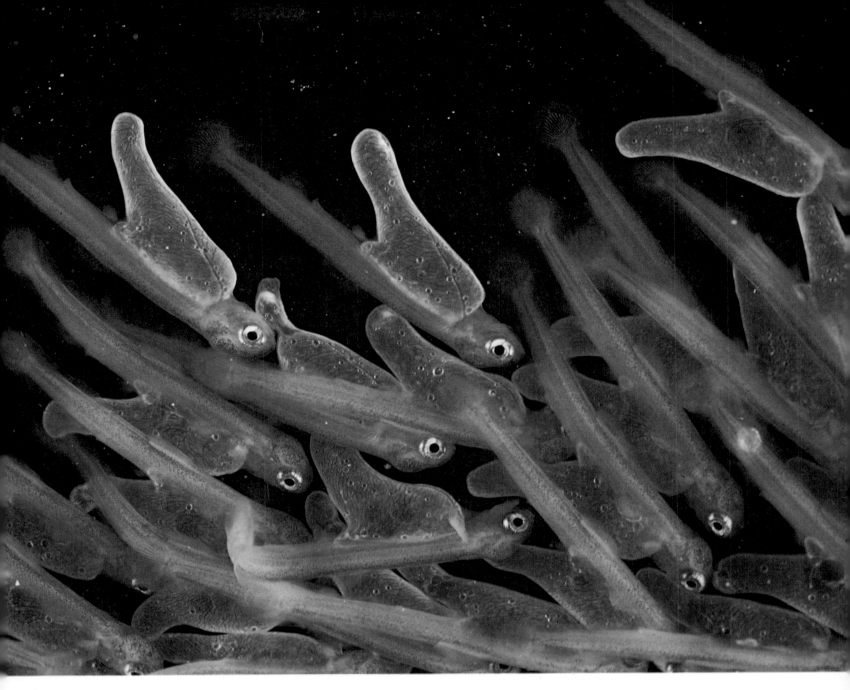

Certains poissons habitant l'eau salée quittent les océans pour émigrer dans des rivières et des fleuves afin de s'y reproduire. Les mieux connus parmi eux sont les saumons. La saison des naissances pour le saumon migrateur *(Salmo salar)* s'étend de septembre à février, mais il aborde les côtes et pénètre dans les rivières pendant toute l'année. Le saumon cesse de se nourrir en entrant dans l'eau douce et remonte les rivières, perdant graduellement du poids. Leur besoin de reproduction est si fort qu'ils luttent pour remonter les rapides, les barrages et les cascades jusqu'à ce qu'ils atteignent les frayères aux sources des rivières. En arrivant, ils s'assemblent par couples et la femelle creuse — à l'aide de sa tête et de sa queue une légère dépression dans les bas-fonds graveleux. Le couple alors fraie, les œufs fertilisés tombent et, grâce à leur texture légèrement collante, adhèrent au fond. La femelle recouvre les œufs légèrement et ceux-ci se développent laissés à eux-mêmes, tandis que les parents, à bout de force, meurent pour la

plupart durant leur voyage de retour vers la mer.

Les œufs de saumon éclosent entre cinq et vingt et une semaines après la ponte, selon la température. Les alevins qui en sortent mesurent environ 12 millimètres de long.

Les alevins se nourrissent de ce qui reste du vitellus et, en l'espace de quatre à huit semaines, atteignent une taille de 25 à 60 millimètres. A ce stade, ils sont appelés saumoneaux. Ils vivent dans des eaux peu profondes et se nourrissent de petits animaux aquatiques. A la fin de l'année, ils ont doublé de taille et on les dénomme alors « parrs » ou « tacons ». Au cours de la deuxième année, dix ou onze rayures foncées apparaissent sur chaque côté de leur corps, rappelant par leur forme des marques de pouce. Durant les quelques années qui suivent (parfois, en l'espace d'une année), ils deviennent argentés et ressemblent assez à des truites : ce sont les « smolts » ou saumoneaux de descente. Ils sont alors prêts à entreprendre leur voyage vers la mer, où ils passeront leur vie

adulte, avant de revenir à leur lieu natal pour se reproduire. Certains autres poissons quittent également la mer pour aller se reproduire en eau douce : tel est le cas de la lamproie *(Petromyzon marinus)*, de l'esturgeon *(Acipenser sturio)*, de l'alose et de la truite de mer *(Salmo truta)*.

Poissons se développant en eau douce

Les risques et les avantages du développement en eau douce ressemblent aux conditions de développement dans l'eau salée. Il existe un plancton d'eau douce qui sert de nourriture aux habitants fraîchement nés. Ce plancton consiste en une végétation très fine : desmodes, diatomées et algues filamenteuses, et minuscules animaux tels que crustacés, rotifères et larves d'insectes. Ces animaux se nourrissent de plancton végétal, et s'entre-dévorent. Néanmoins, il y a moins de larves d'invertébrés dans le plancton d'eau douce que dans le plancton marin. La plupart des habitants d'eau douce pondent des œufs de grande taille, au

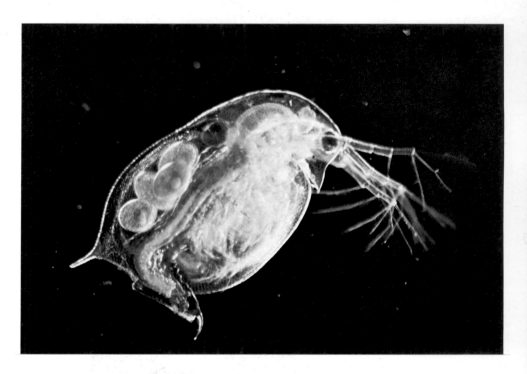

vitellus bien fourni, attachés à des plantes aquatiques ou à des pierres, et à l'éclosion, les larves sont déjà bien développées. Les crevettes roses, les gammares, les daphnies (puces d'eau) et les copépodes sont tous des crustacés vivant dans le plancton. Les puces d'eau femelles peuvent se reproduire sans s'accoupler, mais la progéniture est alors exclusivement femelle. En fait, si l'eau est chaude et riche en nourriture, une puce d'eau femelle peut être grand-mère avant que sa progéniture ne soit née. En effet, les petits qui se développent dans son corps reproduisent déjà une progéniture femelle à l'intérieur de leur corps.

Plus tard au cours de l'été, des mâles et des femelles apparaissent, qui s'accouplent normalement, donnant lieu à des œufs résistants, pouvant survivre même dans de dures conditions (par exemple, mois d'hiver ou tarissement de l'étang).

Nombre d'insectes volants à l'état adulte ont besoin de l'eau douce pour se reproduire. L'un d'entre eux est le moustique, dont il existe bien des espèces de par le monde. Après s'être accouplée dans l'air, la femelle pond ses œufs à la surface de l'eau, ou sur la végétation aquatique. Lorsque les œufs éclosent, les larves ressemblent plus à des vers qu'à des mouches. Elles ont un corps segmentaire formé à une extrémité d'une queue munie de poils et d'un tube creux (siphon), et à l'autre d'une grosse tête pourvue d'une paire d'yeux foncés. Généralement, les larves flottent au-dessous de la surface de l'eau, le siphon perçant l'écran de l'eau, et tenant lieu de tube respiratoire. La larve mue par intervalles, et, lors de la cinquième mue, devient une « nymphe », massive, pourvue d'une tête ronde attachée au thorax. Bien qu'elle ne se nourrisse pas, elle est active, pendant les quelques jours passés à ce stade de sa mutation. Finalement, au cours des derniers stades, elle s'élève à la surface de l'eau, sa dure peau extérieure se fend, et un moustique adulte en sort, sitôt envolé à la recherche d'un compagnon ou d'une compagne.

Le lit d'un cours d'eau constitue un milieu magnifique pour nombre d'insectes larvaires. Il abrite les larves ou nymphes de plécoptères, de phryganes, d'éphémères et de sialis. Les nymphes passent des mois, parfois des années, dans le fond, se nourrissant d'autres créatures. Les larves de phryganes vivent dans des fourreaux coniques formés de minuscules cailloux et coquillages, d'herbes et autre matériau de ce genre. Cette maison mobile leur assure protection et camouflage, et les aide à rester au fond de l'eau. La partie avant du fourreau est ouverte, et la larve peut sortir sa tête, son thorax et trois paires de pattes. Elle peut se déplacer assez librement, tirant son fourreau à sa suite, se nourrissant de plantes ou d'animaux, selon les espèces. Lorsqu'elle est prête à muer, elle s'enferme hermétiquement à l'intérieur du fourreau, après l'avoir ancré au fond de la rivière, et quelques semaines plus tard, une phrygane adulte incomplète que l'on appelle sub-imago en émerge, et remonte à la surface de l'eau. Là, la peau se fend, et la mouche adulte ou imago peut sortir.

Les larves d'éphémères passent trois ou quatre ans au fond de la rivière, se nourrissant principalement d'algues. Elles sont brillamment colorées et pourvues de trois cerques ou épines caudales. Le moment venu,

elles sortent de l'eau et les larves entièrement développées se transforment,
d'abord en sub-imagos, éphémères
adultes non achevés avec des ailes en
bourgeons, puis prennent leur forme
définitive. Vivant dans les fleuves ou
les étendues d'eau plus calmes des rivières et des lacs, les larves des belles
libellules et demoiselles sont de féroces
prédatrices. La femelle, après l'accouplement, plonge vers la surface de
l'eau et y pond ses œufs. Après trois
ou quatre semaines, de très petites larves ou nymphes éclosent et se mettent
immédiatement à chasser de petits animaux aquatiques, souvent des larves
de moindre taille appartenant à d'autres espèces. Elles grandissent rapidement et deviennent d'habiles chasseu-
ses de têtards ou même de poissons
tels qu'épinoches ou vairons plus
grands qu'elles-mêmes. Pour attraper
leur proie les nymphes s'agrippent à
une pierre ou à une plante à l'aide de
leurs trois paires de pattes griffues et
se préparent à assaillir leur proie mou-

vante. Puis elles dardent sur celle-ci
leur lèvre inférieure appelée labium,
qui est extensible et pourvue de pinces.
Les pinces saisissent la proie et l'amènent aux mâchoires, qui se chargent
de dévorer la victime. Bien que les larves mangent aussi de jeunes poissons,
elles sont plutôt bénéfiques, car elles
dévorent un grand nombre de larves
de moustiques. Lorsqu'elle achève sa
croissance, après deux ans ou plus, la
larve s'enferme pour peu de temps
dans une chrysalide fixée à une tige
hors de l'eau, et enfin, du fourreau
fendu, émerge une magnifique libellule. Les ailes sont élargies par un liquide propulsé dans les veines par le
corps de l'insecte.

La plupart des poissons d'eau
douce, comme leurs frères marins,
pondent des œufs sans plus y attacher
d'attention. Certaines espèces, néanmoins, prennent grand soin de leur
progéniture; il est fréquent que ce soit
la fonction du poisson mâle adulte.
Nombre d'espèces, notamment les ci-

Ci-dessus :
Une écrevisse *(Astacus pallipes)*, tenue de
façon à montrer ses œufs en
développement sous la queue. Après
l'éclosion, les petits resteront dans cet
emplacement, ou sur les poils des pattes et
de l'abdomen, jusqu'au moment où ils
seront capables de se nourrir et de mener
une existence indépendante.

Page en regard :
L'alevin du poisson-disque d'Amérique du
Sud *(Symphysodon discus)* reste à
proximité du corps des parents pendant
trois à quatre semaines, apparemment
attiré par les sécrétions de leur peau dont il
se nourrit.

chlidés, le «Jack Dempsey» *(Cichla-
soma biocellatus)* et le cichlidé rouge
(Hemichromis bimaculatus) creusent
des nids dans le gravier pour leur progéniture. Les deux parents veillent sur
les œufs et aussitôt que les larves éclosent, ils les surveillent afin d'empêcher
que les plus actives ne s'échappent. Si
elles le font, elles sont prudemment

aspirées dans la bouche du poisson adulte, et recrachées dans le nid. Plus tard, les larves se déplacent en banc à la suite de leurs parents, les motifs formés par les couleurs jouant apparemment un rôle essentiel à cet égard. Devenus forts et indépendants, les jeunes poissons se dispersent. Chez beaucoup de cichlidés colorés, les poissons adultes commencent par protéger les œufs en les transportant dans leur bouche, et, en « gobant » de l'eau, leur assurent une provision d'oxygène, en même temps qu'une sécurité parfaite. Cette tâche incombe généralement à la femelle et les alevins éclosent dans sa bouche et ne la quittent pas. Plus tard, ils s'aventureront hors de l'abri, mais en restant toujours à proximité de la tête maternelle. Au moindre signe de danger, ils réintègrent rapidement leur refuge. Une forme unique en son genre de soins prodigués par les parents se

Cycle de vie d'un crapaud. La femelle répand ses œufs, recouverts d'une mince couche de matière gélatineuse. Les œufs sont fécondés à la ponte par le mâle accroché à son dos (position d'amplexus). La matière gélatineuse, entrant en contact avec l'eau, gonfle, pour ainsi dire, formant ces fameux œufs de crapaud (page en regard). Après l'éclosion, les têtards vivent sur une petite réserve de vitellus, respirant par trois paires de branchies externes ramifiées (en haut). Les têtards perdent rapidement ces branchies externes, et respirent alors, comme les poissons, grâce à des branchies internes, et par la peau. Les membres postérieurs poussent à l'âge de six semaines environ, bientôt suivis par les membres antérieurs (en bas). Le têtard commence finalement à ressembler à un crapaud. Il a maintenant des poumons et gobe l'air à la surface de l'étang (ci-dessous).

Ci-dessus :
Un castor du Canada *(Castor canadensis)* s'occupant de son petit dans des eaux peu profondes. Deux à quatre petits naissent à l'intérieur de la galerie et en sortent bientôt pour accompagner leur mère dans ses recherches de nourriture et de matériau de construction.

rencontre chez un cichlidé d'Amérique du Sud, le poisson-disque ou poisson Pompadour *(Symphysodon discus)*. Les deux parents nourrissent leurs alevins fraîchement éclos au noyau du mucus qui recouvre leurs corps, en se renvoyant la couvée de l'un à l'autre. Chez les poissons-disques vivant en aquarium, ce comportement dure six semaines.

Les poissons combattants siamois *(Betta splendens)* mâles sont renommés pour leur agressivité, mais leurs mœurs en ce qui concerne la reproduction sont également remarquables. Le mâle construit un nid flottant de bulles, puis il courtise une femelle prête à frayer. Il s'enroule autour de son corps et une fois les œufs pondus, il les féconde, les prend dans sa bouche et les dépose dans le nid. Le mâle, chassant la femelle, prend l'opération complètement en charge. Les œufs éclosent généralement en trente-six heures et les jeunes poissons sont capables de nager librement après trois jours. Le mâle alors s'en désintéresse et les laisse se débrouiller seuls.

La plupart des grenouilles, crapauds, tritons et salamandres sont des amphibiens qui utilisent le milieu aquatique pour permettre à leur progéniture de naître et de grandir. Le frai a lieu dans les étangs et les cours d'eau, les œufs étant protégés par une substance gélatineuse. Les têtards se développent en été, passant par plusieurs métamorphoses, jusqu'à ce qu'une réplique miniature de l'espèce adulte soit formée. Chez la grenouille ordinaire, l'opération prend seize semaines, après quoi elle peut sortir de l'eau et continuer à grandir.

Il n'existe pas de mammifères d'eau douce exclusivement aquatiques. Les jeunes loutres naissent dans une tanière proche de l'eau, où elles joueront et plongeront bientôt. Les petits des castors, quant à eux, naissent sur une plate-forme juste au-dessus de la surface de l'eau. Leur demeure se situe à l'intérieur d'une hutte construite avec des branches coupées et de la boue dans un cours d'eau sur lequel les cas-

tors adultes ont édifié une digue. L'intérieur de la hutte comporte une plate-forme de repos et les castors y pénètrent par des passages pratiqués sous l'eau. Bien que le petit castor ne pèse que 0,45 kilogramme à la naissance, ce rongeur est complètement développé avec les yeux ouverts, et à l'âge d'un mois, il sait comment trouver l'écorce de tremble et de saule dont il se nourrit.

Grand mammifère d'eau douce, tel est l'hippopotame africain (Hippopotamus amphibius). La femelle met généralement son petit au monde sur le rivage, mais l'on connaît des cas où la naissance a lieu dans l'eau. Ce petit peut marcher, courir ou nager dans les cinq minutes qui suivent sa naissance.

Un jeune hippopotame (Hippopotamus amphibius) blotti contre sa mère. La mise bas a généralement lieu à terre. Le petit est capable de marcher, courir et nager cinq minutes après être né.

Jeunes habitants des nids

Les jeunes animaux naissant dans des nids se trouvent relativement protégés des prédateurs, et jouissent d'une certaine chaleur fournie par le matériau du nid, ainsi que par l'animal adulte qui le couvre de son corps. On trouve dans le règne animal des nids de toutes espèces, protégeant et isolant les nichées jusqu'à un certain point.

C'est naturellement aux oiseaux que l'on attribue la maîtrise dans la construction des nids, mais il y a bien d'autres exemples de bâtisseurs de nids parmi les autres animaux, en particulier chez les vertébrés. Nous en avons mentionné quelques exemples dans les chapitres précédents, à savoir lapins, loutres et poissons combattants siamois. Parmi les poissons, le bâtisseur de nids le plus connu et le mieux étudié est l'épinoche. Toutes les variétés d'épinoches construisent des nids. La tâche revient aux mâles, qui utilisent pour cela des algues et autre matériau végétal, et cimentent le tout au moyen d'une sécrétion rénale collante. Une fois le nid terminé, le mâle courtise une femelle pleine en dansant en zig-zag, la guide jusqu'au tube évidé où il la pousse pour qu'elle y ponde ses œufs. Puis lui-même y pénètre et les féconde aussitôt. Il chasse alors la femelle et, paré de ses couleurs matrimoniales — estomac rouge et yeux bleus — il en cherche une autre. Lorsque plusieurs centaines d'œufs ont été pondus, le mâle monte la garde pendant toute la durée de l'incubation — huit à douze jours — et « évente » la ponte en agitant constamment des courants d'eau, afin d'oxygéner les œufs en développement. Il protège encore les alevins éclos pendant les premiers jours de leur vie, jusqu'à ce qu'ils se dispersent. Pendant leur première année les jeunes épinoches grandissent de 4 millimètres (0,16 pouce) à 4 centimètres (1,6 pouce), atteignant leur taille adulte de 6 centimètres environ (2,4 pouces) au cours de leur deuxième année.

A part les tortues mentionnées précédemment, il existe parmi les reptiles une autre famille constructrice de nids qu'elle protège durant la couvaison : il s'agit des alligators et des crocodiles. Ceux-ci sont semi-aquatiques et, à la saison du frai, ils se choisissent des

Une épinoche mâle à trois épines dorsales *(Gasterosteus aculeatus)* encore parée de ses brillantes couleurs de mariage surveille attentivement sa progéniture d'une semaine.

territoires et se querellent pour l'attribution de l'espace des nids. La femelle creuse un trou ou amoncelle un petit tertre de boue et de végétation, dans lequel elle pond des œufs mous et coriaces après s'être accouplée à un mâle qui a protégé le territoire du nid. Puis la femelle à son tour surveille le nid, mais, contrairement aux oiseaux, elle ne couve pas les œufs elle-même : la chaleur solaire et celle que produit la végétation en décomposition du nid tiennent lieu de couveuse. On a observé lors de l'éclosion que les petits cris aigus poussés par les nouveau-nés induisent la mère à évacuer une partie du matériau du nid, afin de les aider à en sortir. La mère alors laisse cette progéniture complètement développée se débrouiller par elle-même. Bien des petits sont mangés par des mammifères carnivores affamés, ou des oiseaux, ou même des alligators ou des crocodiles de leur propre famille.

Bien que la plupart des serpents abandonnent leurs œufs aussitôt pondus, le cobra royal *(Ophiophagus hannah)* d'Asie du Sud-Est construit un assez grand nid et le couple le surveille ensemble. La femelle s'enroule fré-

Ci-dessous :
Des serpents verts d'Amérique éclosent de leur coquille coriace. Ces serpents passent par une très courte période d'incubation, généralement quelques jours, et jamais plus de vingt-trois jours. Il est évident que le développement a lieu essentiellement avant que les œufs ne soient pondus.

En bas :
De jeunes crocodiles d'eau douce fraîchement éclos de leurs œufs, et prêts à se nourrir. Ils grandissent rapidement, atteignant leur taille adulte à trois ans.

quemment autour des vingt-quatre à trente-six œufs, ce qui aide à leur conserver une température constante pendant leur développement. Certains autres serpents femelles, y compris les pythons, s'enroulent de même pour protéger les œufs et les maintenir à une température égale.

Le plus achevé des nids construits par des mammifères est sans aucun doute celui du rat des moissons *(Micromys minutus)*, qui vit en Europe et en Asie dans les pâturages et les champs de céréales. Malheureusement, ces plaisants petits animaux de 13 centimètres (5 pouces) ne sont plus aussi nombreux qu'autrefois dans les champs, vu les procédés modernes de culture qui comportent l'utilisation de machines et exigent des moissons précoces. La femelle engendre d'avril à septembre, et sa première tâche est de construire un nid. C'est un nid rond d'environ 8 centimètres (3 pouces) de diamètre, tissé d'herbes ou de tiges de céréales coupées. Le nid est tissé de manière à ce que deux ou trois tiges de la végétation croissante le maintien-

nent au-dessus du sol. Il n'a pas d'ouverture fixe, le matériau étant simplement écarté pour entrer et pour sortir. Dans ce petit nid, la femelle donne naissance à une nichée de cinq à neuf minuscules ratons nus et aveugles. La gestation a duré vingt et un jours. A huit jours, les ratons ouvrent les yeux, et leur pelage a poussé; ils glissent alors leur museau hors du nid. Trois jours plus tard, ils commencent à explorer l'extérieur; s'agrippant étroitement à des tiges avec leurs pattes, aidés de leur queue préhensile. Encore quatre ou cinq jours, et ils sont indépendants, mais ils n'auront acquis la couleur rousse de l'adulte qu'à la fin de l'année. La mère produit plusieurs portées par saison.

L'écureuil est un autre mammifère bâtisseur de nid notoire. Le petit-gris *(Sciurus cardinensis)* construit un nid en forme de dôme avec des rameaux. Ce nid est plutôt informe, sorte de structure imprécise assujettie dans une fourche d'arbre bien au-dessus du sol. L'écureuil le garnit d'herbe et de feuilles, et ce nid tient généralement lieu de

Les petits de l'écureuil roux, âgés de quelques jours, habitent dans un nid fait en bois et garni de mousse et de lichen tendres.

Page en regard :
Le muscardin *(Muscardinus avellanarius)* chez lui. Ce rongeur habile construit son nid dans les sous-bois des forêts caduques d'Europe et d'Asie Mineure.

Pages suivantes :
Les hiboux pondent leurs œufs dans des trous à même le sol. Ceux-là sont de jeunes hiboux du Cap *(Bubo capensis mackinderi)*.

maison d'été. D'habitude, la portée de petits-gris naît dans un nid caché dans un arbre creux. Les petits naissent au début du printemps, une seconde portée suivant souvent au début de l'été.

Mais il est clair que les experts en nids sont les oiseaux, qui tous ont besoin d'un nid pour y pondre leurs œufs. Ceci ne veut pas dire qu'ils en construisent toujours, car certains oiseaux utilisent des abris naturels adéquats où ils posent leurs œufs. Une saillie de rocher est un emplacement idéal pour le nid d'un guillemot *(Uria*

aalge) ; ses œufs sont coniques, de sorte qu'ils ne roulent pas à terre lorsque l'oiseau adulte abandonne un moment la couvaison pour aller se nourrir. La sterne naine *(Sterna albifrons)* utilise, quant à elle, une petite dépression sur une plage caillouteuse. Et peut-être que le plus fascinant exemple du genre est fourni par la sterne blanche *(Gygis alba)*, qui pond son œuf unique dans le petit creux d'une branche d'arbre. L'oisillon est pourvu de petites griffes recourbées avec lesquelles il s'accroche solidement dès qu'il est né. Le haut pourcentage de couvées menées à bien dans ces conditions et des plus surprenants.

Chaque espèce d'oiseau sait instinctivement quel genre de nid construire. Les canards, les oies et bien d'autres oiseaux qui nichent dans des endroits humides et froids, font des nids très simples, mais ils font en sorte que ceux-ci soient assez épais pour assurer une isolation efficace à l'oiseau couveur, aux œufs et aux oisillons. Certaines canes et des oies femelles ajoutent une couche supplémentaire de duvet isolant. L'eider à duvet *(Somateria mollissima)* des côtes rocheuses et sablonneuses, qui habite les régions arctiques et le Nord de l'Europe, utilise la même technique : son nid est une masse pelucheuse de duvet moucheté. Les gracieux cygnes amoncellent du matériau végétal, jetant des branches sur les côtés, et fréquemment agrandissent ce nid l'année suivante, si bien qu'il devient immense.

Les grands oiseaux nichant dans les arbres, tels que freux, pigeons et hérons, utilisent des rameaux rigides et édifient leurs nids suffisamment haut pour assurer la sécurité de leur nichée. Les hérons construisent une plate-forme de baguettes au sommet d'un arbre. Les pigeons construisent négligemment une mince plate-forme, que l'oiseau consolide, à l'aide de rapides battements du bec, en entrelaçant des rameaux dans l'édifice déjà existant. Le bouvreuil *(Pyrrhula pyrrhula)* construit dans une haie épaisse aux fins rameaux effilés, un nid plutôt désordonné dont l'intérieur est garni d'une sorte de coupe presque indépendante faite de fines radicules et de duvet, pour protéger les œufs et les oisillons frais éclos. Le nid en forme de coupe est le plus fréquent, mais il en existe bien des variantes, et l'on peut voir des nids fort complexes. La pie *(Pica pica)* construit un nid en dôme, de même que le mignon troglodyte *(Troglodytes troglodytes)* et le cincle plongeur. Il arrive que des oiseaux utilisent des toiles d'araignée dans la construction de leur nid. Le pinson des arbres *(Fringilla coelebs)* utilise des fils de la vierge pour son nid-coupe, la mésange à longue queue *(Aegithalos caudatus)*, pour son dôme, et le petit roitelet huppé *(Regulus regulus)* pour attacher son nid suspendu au-dessous des ramilles d'une branche de conifère.

Ci-contre :
Une mésange à longue queue *(Aegithalos caudatus)* nourrit sa nichée dans un nid de construction élaborée, fait de toiles d'araignée, de lichen et de poils, et doublé de centaines de plumes douces.

Ci-dessus :
Une couvée d'eiders *(Somateria mollissima)* emmaillotée dans du duvet moelleux arraché à la poitrine de la mère : telle est la garniture du nid, dont la base est construite à l'aide d'algues et de plantes du rivage.

Page en regard :
Le nid joliment bâti d'une fauvette des marais *(Acrocephalus palustris)* : un des parents retire du nid une poche de matières fécales, afin d'y maintenir la propreté.

Les nids suspendus sont certainement une construction de maître dans le monde des oiseaux, car ils confèrent une protection accrue à leurs architectes arboricoles et à leur famille. Les bâtisseurs de nids suspendus les plus connus sont les tisserins, qui, comme leur nom le suggère, tissent de l'herbe pour en faire de merveilleuses constructions aériennes. Le nid du tisserin des villages *(Ploceus cucullatus)*

Ci-contre :
Le plumage tacheté du chevalier à pieds verts *(Tringa nebularia)* est un excellent camouflage, sur sa lande natale parsemée de pierres.

Ci-dessous :
Ce ne sont pas des noix de coco accrochées aux frondes des palmiers, mais des nids de tisserin *(Ploceus cucullatus)*. Les nichées jouissent d'une merveilleuse sécurité dans ces maisons suspendues.

Page en regard :
Le nid d'argile d'un fournier *(Seiurus aurocapillus)*, vu en coupe, afin de montrer la chambre intérieure doublée de paille qui contient deux œufs. Ici, les œufs et la nichée sont relativement à l'abri des prédateurs.

d'Afrique tropicale pend aux palmiers comme un fruit mûr. Le tisserin Baya *(Ploceus philippinus)* construit un long tube d'entrée, arme défensive supplémentaire contre des prédateurs tels que les serpents d'arbre. La mésange rémiz *(Remiz pendulinus)* d'Europe bâtit son nid suspendu selon un principe semblable à celui des tisserins tropicaux.

Certains oiseaux utilisent des rameaux et de l'herbe, et ajoutent beaucoup de boue afin de cimenter la structure. Bien entendu toutes les hirondelles utilisent cette technique. L'hirondelle bâtit son nid avec de la boue ramassée au bord des mares et des courants boueux et avec des boulettes de fibre végétale qu'elle dispose comme les briques d'un mur. Ce nid peut être fixé contre un mur, s'il y est protégé de la pluie. C'est pour cette raison que les nids sont souvent sous des avant-toits. Les martinets doivent aussi agglomérer le matériau du nid dans une cavité, mais ils utilisent pour cela de la salive. Le fournier *(Seiurus aurocapillus)* d'Amérique du Sud construit avec de la terre molle renforcée d'herbes sur une branche ou un pieu de clôture, un nid qui ressemble au four des anciennes boulangeries. Le couple bâtit d'abord une sorte de coupe, puis élève les parois jusqu'à ce qu'un toit soit formé. Un corridor incurvé donne accès à la « chambre »

du nid. Ce dernier est suffisamment solide pour durer deux ou trois ans, avant d'être lessivé par la pluie. Mais généralement, les oiseaux en construisent néanmoins un chaque année.

C'est probablement au leipoa ocellé *(Leipoa oscellata)* et autres mégapodes que revient le mérite de construire les plus grands nids. Ceux-ci peuvent mesurer 10,5 mètres de diamètre et 4,5 mètres de hauteur.

Les leipoas ocellés forment des couples lorsqu'ils ont trois ans. En juin, c'est-à-dire au début de l'hiver, dans l'hémisphère austral, ils creusent une immense fosse dans le sable sec, et y repoussent tous les déchets de végétaux jonchant le sol dans un rayon de plus de 45 mètres. Lorsque la pluie vient et détrempe ces déchets, ceux-ci commencent à pourrir, et de la chaleur s'en dégage. En août, les oiseaux commencent à mélanger du sable au matériau végétal au centre du tertre, construisant ainsi une chambre d'incubation. En septembre, la femelle commence à pondre ses œufs dans la chambre, qui a une température d'environ 33° Celsius. Après la ponte de chaque œuf, le couple recouvre la chambre. La femelle pond un œuf à des intervalles variant de deux à dix-sept jours, pendant une période de quatre mois. Le nombre d'œufs ainsi pondus peut atteindre trente-trois. Afin de maintenir la cou-

veuse à température constante, le couple augmente ou diminue la quantité de feuilles sur le tertre. Il arrive souvent que le premier œuf éclose alors que le dernier vient d'être pondu. L'oisillon se débrouille pour atteindre la surface, et sort son bec pour respirer sa première bouffée d'air puis prend un peu de repos. Ensuite, il se dirige en chancelant vers une place ombragée et y demeure pendant environ vingt-quatre heures avant de commencer à chercher de la nourriture.

Incubation de l'œuf

Lorsqu'un œuf est pondu, les oiseaux, pour la plupart, le couvrent de leur corps, exception faite du leipoa ocellé précédemment mentionné. On nomme période d'incubation de l'œuf le temps écoulé entre sa ponte et son éclosion. Chez beaucoup d'espèces d'oiseaux l'adulte a, pendant la saison où il niche, des places dégarnies de plumes sous le ventre (plaques incubatrices), ce qui permet qu'il y ait contact permanent entre lui et l'œuf en développement. Les ansériformes, les pélicans, les cormorans, les anhinges et les fous dispensent leur chaleur à leurs œufs à l'aide de leurs pieds palmés. Ils couvrent les œufs de leurs immenses palmes, quand ils s'installent pour les couver.

Certains oiseaux, comme la chouet-

Les oisillons de l'autruche *(Struthio camelus)* éclosent après six semaines, dans un nid où plusieurs femelles ont pondu leurs œufs. Ici, l'on voit comment une femelle et un mâle (l'oiseau noir et blanc) prennent en charge la couvée. Les autruchons sont bien développés à la naissance, leurs yeux sont ouverts et ils sont entièrement recouverts de duvet. Ils peuvent marcher et se nourrir dès que leur plumage a séché, quelques minutes après être nés.

te harfang *(Nyctea scandiaca)*, commencent à couver leurs œufs aussitôt le premier œuf pondu, si bien que les oisillons éclosent à intervalles échelonnés. Mais chez la plupart, la couvaison commence une fois le dernier œuf pondu. Tous les oisillons cassent l'œuf et en sortent par leurs propres efforts. Les oisillons, à part ceux qui appartiennent à la famille des autruches *(Struthio camelus)* ou à celle des mégapodes, sont dotés à l'extrémité de la partie supérieure de leur bec d'une dent qu'ils utilisent pour opérer la percée de l'œuf. Puis ils se tortillent et étirent leur tête et leurs pattes pour faire éclater la coquille. L'oisillon alors

sèche et peut bientôt se mouvoir et être nourri.

L'oisillon nouveau-né

Les oisillons, comme les mammifères nouveau-nés, sont parfois très bien développés, parfois très incomplètement. Les oisillons bien développés peuvent se déplacer et se nourrir dans les heures qui suivent l'éclosion. On les dénomme nichées précoces ou nidifuges et ils naissent couverts de duvet et les yeux ouverts. Les canards et les échassiers ont des nichées de ce type et ils conduisent rapidement leurs petits vers l'eau où la nourriture est abondante. Les nichées de faisans et de poulets *(Gallus gallus)* sautent bien vite du nid jusqu'au sol et suivent la faisane ou la poule, qui les appelle constamment. Les poussins se nourrissent à ses côtés, becquetant instinctivement chaque petite tache. Cet apprentissage expérimental leur apprend vite à distinguer ce qui est comestible de ce qui ne l'est pas. Les petites mouettes naissent, elles aussi, bien développées, mais la plupart d'entre elles viennent au monde dans des anfractuosités de rochers, aussi restent-elles instinctivement près du

nid, où elles sont nourries par leurs parents.

Les autres types de nichées sont, pour leur part, formées d'oisillons nus, aveugles et sans défense à l'éclosion, qui dépendent entièrement de leurs parents. On les appelle dans ce cas nidicoles. Les oiseaux chanteurs tels que grives, roitelets, oiseaux-lyres, gobe-mouches et pinsons naissent dans ces conditions de vulnérabilité. Ce type de nichées incluent également les pélicans, les fous, les cormorans, les pigeons, les perroquets, les martins-pêcheurs et les piverts.

Alimentation des nichées

Ces nichées vulnérables sont très exigeantes et leurs parents sont occupés à les nourrir sans répit de l'aube au crépuscule. Si l'alimentation normale de l'oiseau adulte consiste en produits végétaux — graines ou fruits — les oisillons sont généralement nourris de vers et d'insectes, riches en protéines, qui sont nécessaires pour soutenir la cadence rapide de leur développement et de leur croissance. Aussi, beaucoup d'oiseaux nichent-ils lorsque les vers et les chenilles abondent. La naissance des nichées de mésanges, par exemple,

Ci-contre :
La plupart des chouettes se mettent à
couver dès la ponte du premier œuf. Il en
résulte un échelonnement dans l'éclosion
de la nichée, comme c'est le cas chez ce
hibou brachyote *(Asio flammeus)*. Dans les
années d'abondance, la nichée tout entière
survivra probablement ; lorsque la
nourriture est rare, les premiers éclos
auront l'avantage.

Ci-dessous :
Les nichées de grands pics tachetés
(Dendrocopos major) sont composées
d'oisillons aveugles et sans plumes lors de
leur naissance, qui dépendent entièrement
de leurs parents pour leur nourriture.

coïncide avec le printemps, époque riche en vers et en chenilles. On estime qu'un couple de mésanges charbonnières *(Parus major)* apporte à ses huit à douze petits 7000 à 8000 chenilles et autres insectes en trois semaines, période nécessaire à la croissance de leur plumage. Freux *(Corvus frugilegus)* et merles noirs *(Turdus merula)* ont leurs nichées au début du printemps, lorsque la terre est molle, et les vers ainsi que les autres bestioles vivant dans les amas de feuilles tombées aisés à déterrer. Les hirondelles et martinets nourrissent leur nichée avec ce qu'ils gobent eux-mêmes : des insectes, qu'ils attrapent au vol. Les nichées naissent alors à la fin du printemps ou au début de l'été.

Certains oisillons se nourrissent directement dans le gosier de leurs parents. Un pélican nouveau-né, par exemple, est nu et aveugle et sa première nourriture consiste en un goutte à goutte d'aliments régurgités tombant du bout du bec de l'adulte dans le bec grand ouvert de l'oisillon. Au bout de quelques jours, le petit pélican a les yeux ouverts et est recouvert d'un doux duvet blanc. Il est maintenant assez fort pour introduire sa tête à l'intérieur de la poche du pélican adulte pour y prendre sa nourriture. Les oisillons, avant l'âge de deux semaines, quittent le nid et forment de bruyants groupes juvéniles, mais leurs parents continuent à les nourrir pendant plusieurs semaines.

Les pigeonneaux eux aussi introduisent leurs becs dans le bec ouvert de

Ci-dessus :
Un minuscule oiseau-mouche du genre *Selaspharus rufus* dans son tout petit nid. Généralement, les colibris ont des nichées d'un ou deux oisillons, et les nourrissent en vol stationnaire.

Ci-contre :
Une nichée de pigeons se nourrissant au jabot de leur mère, qui contient un « lait » riche en protéines et autres éléments nécessaires à la croissance. Le nid est une simple plate-forme désordonnée de branchettes, maintenues par de la fiente.

l'adulte, où ils trouvent une partie de leur nourriture. Le pigeon adulte produit dans son jabot une sécrétion qui coule comme un fromage crémeux et que l'on appelle «lait de pigeon». Dans le monde des oiseaux, les pigeons sont les seuls à produire ce lait, semblable dans sa composition à celui des mammifères. Les pigeonneaux sont nourris deux fois par jour et accumulent cette nourriture dans leur jabot. Ce système améliore l'assimilation de protéines et aide l'oisillon à grandir rapidement. Les fous, les cormorans, les cormorans huppés et les martinets nourrissent aussi leurs nichées d'aliments régurgités.

Une autre manière d'obtenir de la nourriture utilisée par certains oisillons consiste à la mendier. Un jeune goéland argenté *(Larus argentatus)* affamé mendiera de la nourriture en picotant la tache rouge située sur le bec du goéland adulte. Ceci l'incite à régurgiter la nourriture sur le sol devant l'oisillon. Les oiseaux de proie tels qu'éperviers, aigles et hiboux déchiquètent la proie pour leur jeune nichée. Les oisillons se nourrissent de ces petits débris, mais deviennent bientôt capables de dévorer de plus grandes portions et peuvent se débrouiller avec une carcasse après deux ou trois semaines. Les pies-grièches elles aussi

De petits butors au fin duvet *(Iscobrychus minutus)* : l'un des oisillons frappe le bec de l'un de ses parents pour obtenir de la nourriture régurgitée.

démembrent des proies (sauterelles et lézards) pour leur nichée. Elles les empalent aux épines des buissons.

La plupart des oiseaux chanteurs, et bien d'autres espèces, se contentent de ramener dans leur bec des insectes et des chenilles qu'ils poussent plus ou moins entiers dans les becs grands ouverts de la nichée. Les nichées crient pour attirer leurs parents et la couleur de l'intérieur de leur bec ouvert incite les parents à les nourrir. La couleur intérieure du bec varie avec les espèces, certaines ayant des marques de couleur vive ou d'autres sortes de signes sur un fond blanc, rouge ou noir.

La durée qui s'écoule entre l'éclosion et le vol (associée à l'apparition du plumage) varie d'une espèce à l'autre. Les mégapodes savent déjà pratiquement voler lorsqu'ils s'extirpent de leur immense nid. Les oisillons lagopèdes *(Lagopus mutus)* volent au bout de dix jours et le gibier tel que faisans et cailles au bout de deux semaines. La croissance de ces oiseaux se poursuit tandis qu'ils savent déjà voler. Les petits oiseaux chanteurs sont capables de voler en moins de deux semaines, tandis que, pour la majorité des passereaux, y compris les pigeons, les colibris et les guêpiers, il faut trois semaines. Les cormorans, les cigognes, certains grands hiboux et calaos sont incapables de voler avant environ huit semaines et pour les pélicans il faut environ une semaine de plus. Chez quelques très rares espèces d'oiseaux la pousse du plumage est très lente. Les martinets sont incapables de voler avant dix semaines lorsque l'année est pauvre en insectes. Pour le balbuzard pêcheur *(Pandion haliaetus)* et la grue, dix semaines de développement sont également nécessaires avant qu'ils puissent prendre leur envol. La plupart des aigles et les effraies *(Tyto alba)* ne savent pas voler avant onze semaines et le vautour griffon *(Gyps fulvus)* pas avant douze semaines. Chez les albatros, la période de la pousse des plumes est particulièrement longue. Chez les plus petites espèces, elle dure vingt à vingt et une semaines, tandis que pour l'albatros royal, elle est de trente-six semaines, ceci représentant le plus long temps de pousse des plumes que l'on ait observé.

Des ornithologistes, après s'être livrés à une observation intensive, ont découvert que chez beaucoup d'espèces, incluant les grèbes et certains oiseaux chanteurs, les parents se partagent la nichée dès que les oisillons quittent le nid. L'un des adultes prend la responsabilité d'en nourrir une par-

tie, et négligera l'autre, dès lors prise en charge par l'autre parent. Leur comportement devient même agressif vis-à-vis des oisillons qui ne sont pas de leur « fournée ».

Même après avoir appris à voler et quitté le nid, certains oisillons passent encore beaucoup de temps avec leurs parents, mendiant de la nourriture, voletant et criant. On sait que les cygnes et les oies et leurs nichées en cours de croissance restent en famille jusqu'au

premier hiver des petits. Le cas des « babblers » (« clabaudeurs ») est tout à fait particulier : il arrive que la nichée reste avec les parents et les aide à prendre soin de la nichée suivante. Mais le plus souvent, la séparation entre les deux générations s'effectue pendant la mue d'automne. Les oisillons, étant devenus adultes, trouvent dès lors généralement le partenaire avec lequel ils élèveront leur propre nichée au printemps suivant.

Naissances insolites

Le manchot empereur *(Aptenodytes forsteri)* couve sur ses pieds l'œuf unique pondu par la femelle ; la chaleur est fournie par la peau de la partie inférieure de son abdomen. La femelle, qui s'en va pendant la période d'incubation pour se nourrir, revient juste à temps pour l'éclosion.

Parmi les oiseaux, l'un des modes de couvaison les plus intéressants est celui du grand manchot empereur *(Aptenodytes forsteri)* des régions antarctiques. L'œuf n'est pas pondu dans un nid, pour la bonne raison que les seuls matériaux de construction disponibles sont la neige et la glace. Ainsi, la femelle pond un œuf et le transfère immédiatement à son compagnon qui le recueille sur ses larges pieds palmés. Puis elle s'en va vers la mer, située parfois à plus de 80 à 160 kilomètres de là pour se nourrir, tandis qu'il s'installe et couve l'œuf sous un repli de la partie inférieure de son abdomen emplumé. Là, l'œuf est bien abrité et au chaud, et il éclôt soixante-quatre jours plus tard. Le petit reste installé sur les pieds de l'adulte, portant sa tête en avant pour voir le monde ; il est nourri d'aliments régurgités du jabot de son père. La femelle revient au bout d'un jour ou deux, et le père à son tour part pour se nourrir, ayant perdu environ 30 pour cent du poids de son corps pendant ce jeûne prolongé. Les petits poussent assez rapidement et abandonnent peu à peu la chaleur et la sécurité des pieds des parents. Ils sont recouverts d'un long duvet brun foncé. Leur enfance est longue et ils la passent avec d'autres petits pingouins, serrés les uns contre les autres, tandis que les parents vont pêcher la nourriture. Les manchots empereurs établissent ces colonies d'élevage à l'époque où la glace de banquise se rompt facilement, si bien qu'ils n'ont pas besoin de voyager très loin pour se nourrir. La pousse des plumes est achevée en décembre ou en janvier, alors que les eaux de l'Antarctique recèlent une abondante nourriture.

Certains oiseaux — les plus connus étant les coucous — évitent la couvaison en pondant leurs œufs dans le nid d'un autre oiseau. La femelle du coucou commun *(Cuculus canorus)* hiverne en Afrique du Sud ou en Asie du Sud-Ouest et revient au printemps pondre son œuf unique. Pour ce faire, elle choisit le nid d'un accenteur mouchet *(Prunella modularis)* ou d'un rouge-queue *(Phoenicurus phoenicurus)*, ou de quelque autre espèce d'oiseau, en profitant de l'absence du propriétaire. Il y a souvent déjà d'autres œufs dans le nid, si bien que le coucou en enlève un, pour qu'au retour de l'hôte, le nombre d'œufs soit inchangé. Bien que l'œuf de coucou soit plus grand et plus solide que ceux de l'oiseau-hôte, sa couleur est très comparable. La femelle-hôte ne s'aperçoit que rarement du changement et couve allégrement l'œuf de coucou avec ses propres œufs. Pendant les premières heures après l'éclosion, le petit coucou, bien qu'il soit aveugle et sans plumes, soulève les autres œufs ou oisillons à l'aide de son dos et de ses ailes, et les jette par-dessus bord. Il reste finalement le seul survivant et reçoit par conséquent toute l'attention de ses parents adoptifs, constamment affairés à le nourrir. A moitié développé, le coucou est déjà assez grand, bien plus grand que ses parents adoptifs qui, cependant, continuent à l'accepter comme leur progéniture. A trois semaines, la taille du coucou a dépassé

Ci-dessus :
Une fauvette *(Prunella modularis)*, parent adoptif induit en erreur, nourrit un coucou *(Cuculus canorus)* presque complètement emplumé ; la fauvette doit s'accrocher à la tête de l'oisillon géant pour déverser la nourriture dans le bec de cet éternel affamé.

Ci-contre :
Une femelle de pingouin de la Terre Adélie *(Pigoscelis adeliae)* joue le rôle de « marraine » : elle surveille les oisillons pendant que les autres pingouins vont à la pêche.

Ci-contre :
Une chienne collie tient le rôle inhabituel de nourrice d'un petit blaireau ayant perdu ses parents.

Ci-dessous :
La coloration dorée et brillante du jeune langur permet à sa mère de le repérer rapidement.

Page en regard :
Des marcassins *(Sus scrofa)* serrés les uns contre les autres. Certaines personnes pensent que leurs rayures servent à les camoufler, tandis que d'autres croient qu'il s'agit d'un signal d'identification destiné à la mère.

celle du nid adoptif, mais la pousse de ses plumes est alors achevée et il peut se débrouiller pour se nourrir par lui-même. Bientôt, il s'envolera vers l'Afrique ou l'Asie du Sud-Ouest pour y passer l'hiver, sans recevoir aucune aide d'un coucou adulte. Ceux-ci sont déjà partis vers le soleil et la nourriture.

Les molothres d'Amérique du Nord et les indicateurs d'Afrique parasitent eux aussi les nids d'autres oiseaux en y installant leurs œufs et leur progéniture. La femelle molothre surveille de près la construction du nid adoptif, souvent celui d'une alouette des champs, d'une fauvette, d'un viréo ou d'un moineau. Elle sait exactement à quel moment pondre son œuf, ne restant dans le nid étranger que quelques minutes, et s'en allant aussitôt après la ponte. Mais toutes les espèces d'oiseaux n'acceptent pas ce parasitisme. On sait que l'oiseau-chat *(Dumetella cardinensis)* se débarrasse des œufs étrangers et que la bergeronnette printanière *(Motacilla flava)* construit parfois un nouveau nid par-dessus celui qui contient l'œuf parasite.

Il arrive parfois aussi que l'homme cherche des parents adoptifs pour de jeunes animaux domestiques que la mère a abandonnés à la naissance. Des chèvres ont parfois allaité des agneaux et il arrive qu'une brebis tienne lieu de mère pour un cochonnet orphelin. Il arrive aussi qu'une mère animal soit privée de sa propre progéniture et que son rythme normal de maternité en soit affecté. Il se peut alors qu'elle adopte n'importe quel petit animal avec lequel elle entre en contact, même si l'espèce est totalement différente. Ainsi, des babouins ont adopté des chatons, ainsi que l'ont fait des chiennes et même des poules couveuses. Il est même arrivé qu'une mère chatte adopte des souriceaux ou des lapineaux, qui sont généralement ses victimes.

Les petits mammifères ont parfois une couleur complètement différente de celle de leurs parents. Ainsi, l'un des cas de coloration les plus étranges se rencontre chez le langur. Il naît couvert de poils d'un jaune doré, tandis que ses parents sont entièrement noirs à l'exception de saisissantes « lunettes » blanches autour des yeux. Cette coloration particulière est en relation avec le comportement familial des adultes. La famille langur prend grand soin des bébés langurs. Tandis que la mère s'occupe de son nouveau-

né, le nettoyant et inspectant son corps minuscule, les autres femelles du groupe se rassemblent autour d'eux, avides de toucher le petit. Après quelques heures, la mère laisse les autres femelles le tenir, mais elle surveille de près son petit paquet orange, la couleur encore une fois lui permettant de garder un contact visuel avec sa progéniture. Au moindre signe de danger, elle s'élance vers son petit et l'enlève, les autres femelles reconnaissant son droit maternel. Une fois que le pelage du petit a changé de couleur, vers l'âge de cinq ou six mois, l'attitude des femelles change aussi. Elles ne cherchent plus à le tenir et à le cajoler. La mère demeure cependant protectrice, et bien que son petit passe beaucoup de temps à des jeux éducatifs avec d'autres camarades de son âge, elle est toujours prête à venir à son secours, si cela est nécessaire.

Certains jeunes animaux, tels que les sternes, les pluviers, les huîtriers-pies et les faons, sont colorés de façon à se confondre avec l'environnement. Ils ne survivraient probablement pas s'ils avaient la couleur de leurs parents, car, une fois repérés par un prédateur, ils seraient incapables de lui échapper. On pense généralement que

Le pelage tacheté et rayé de ce tapir malais
(Tapirus indicus) sert probablement de
camouflage parmi les jeux d'ombre et de
lumière de la jungle, éclairée par le soleil ou
la lune.

le petit du sanglier sauvage est tacheté
et rayé pour la même raison. Il n'en
est probablement rien, des observa-
tions portant sur le comportement de
la race ayant abouti à des conclusions
plus acceptables. Lorsque le danger
menace, les marcassins ne se couchent
pas au sol pour se confondre avec la
couleur du taillis et de la végétation
basse. Plutôt que de se cacher, ils se
ruent vers leur mère. En outre, la laie

ne se sépare pas d'eux comme le fait, par exemple, une biche d'avec son faon. La laie défendra férocement ses petits. Ainsi, il semble que les taches et les raies soient en fait un signal lié au comportement social, et destiné à provoquer des réactions appropriées chez la mère et les autres adultes.

Mais le pelage tacheté et rayé d'un jeune tapir semble bien tenir lieu de camouflage. Chez le tapir de Malaisie *(Tapirus indicus)*, le petit est brun foncé, avec des taches et des stries de couleur basanée ; il se confond avec le sol de sa jungle natale, parmi les jeux d'ombre et de lumière du soleil et de la lune. Le tapir adulte a un pelage rayé, fortement contrasté de noir et blanc. Il vit activement pendant la nuit, et la longue raie blanche sur son dos semble le diviser en deux. Aux yeux d'un prédateur tel que le tigre, le corps ainsi divisé ne suggère guère la forme d'un animal entier, puisque la tête, les épaules et les pattes antérieures, ainsi que la croupe et les pattes postérieures sont obscures. Ainsi, les pelages contrastés de l'adulte et du jeune tapir ont chacun pour effet de les cacher aux yeux des prédateurs.

On peut comparer le fourmi-lion à la bête du fameux conte de fées « La Belle et la Bête ». La larve est un assez méchant prédateur qui piège des fourmis dans les fosses de sable ; elle se transforme en un magnifique animal adulte, qui ressemble à une libellule, et se nourrit de fruits et de petites mou-ches. La femelle pond ses œufs dans le sable. Un jour après l'éclosion, la larve a creusé dans le sable une fosse d'environ 50 millimètres de profondeur et 75 millimètres de diamètre.

C'est là l'un des pièges originaux les plus remarquables du monde animal, malgré sa petite taille. La larve, enter-rée au fond du trou et dont seule la tête dotée de fortes mâchoires dé-passe, attend que des grains de sable, dérangés par une fourmi ou une arai-gnée qui passent, roulent le long des côtés de la fosse. Lorsque le sable at-teint la larve, celle-ci déclenche l'opé-ration-piège. La larve secoue brusque-ment sa tête en avant et vers le haut, projetant une nuée de sable par-dessus le bord de la fosse. Cette nuée arrose

la future victime, et, par l'action conjuguée des bords abrupts du piège, celle-ci roule dans la fosse. La larve la saisit immédiatement avec ses mâchoires, et lorsqu'elle tient solidement sa proie, elle lui injecte un fluide paralysant. Une fois ce calmant administré, la larve injecte de la même manière des sucs digestifs, et lentement, comme les tissus se dissolvent, la larve les aspire. Le fourmi-lion vit ainsi de une à trois années, subissant trois métamorphoses, puis il passe une période finale dans un cocon de soie avant d'émerger sous sa forme adulte, harmonieusement, délicatement ailé.

Une ruche est l'étonnant théâtre d'un système d'élevage très particulier. Bien que des milliers d'abeilles vivent et travaillent dans la colonie, une seule femelle pond des œufs. C'est la reine, abeille de grande taille, qui, après avoir été fécondée dans l'air au cours du vol nuptial, par un faux bourdon (mâle de l'abeille), passe le reste de sa

vie à pondre des œufs. Elle peut pondre jusqu'à 3000 œufs par jour. Elle est si occupée à pondre qu'elle n'a pas le temps de s'occuper de cette progéniture, et cette tâche revient aux milliers d'abeilles ouvrières qui sont des femelles stériles.

Chaque œuf est pondu à l'intérieur d'une cellule individuelle hexagonale de cire, construite par les ouvrières. Une larve à l'éclosion ressemble à un ver ; les ouvrières s'en occupent. Elle se nourrit de pollen, change de peau plusieurs fois, et, après six jours environ, file un cocon et s'y retire. Douze jours plus tard, elle sort du fourreau, devenue une abeille parfaitement formée ; la plupart sont des ouvrières, et il y a quelques mâles. Les reines sont produites par une technique d'alimentation spéciale, et seulement lorsque l'essaim arrive à son terme à la fin de l'automne.

Pendant ses deux premières semaines, l'occupation principale d'une

jeune abeille est celle de nourrice. Elle apporte du miel et du pollen, stockés dans des cellules spéciales et destinés à nourrir la reine, les mâles ou faux bourdons, et les larves. C'est un travail très astreignant, une seule larve mangeant plus de 1000 portions de pollen par jour. L'abeille en se développant devient capable de produire de la cire grâce aux glandes situées sous son corps, et elle accède désormais à une nouvelle profession, celle de constructrice de rayons. C'est l'âge mûr dans la vie d'une abeille, et d'autres tâches lui incombent également, telles que l'entretien de la ruche, le nettoyage, la garde à l'entrée, qui consiste à piquer les intrus — une abeille d'un autre essaim, ou une souris visiteuse.

Nous avons mentionné précédemment le fait que les amphibiens, tels que grenouilles, tritons et crapauds ne s'occupent généralement pas de leur progéniture. Quelques amphibiens, cependant, s'en occupent ; c'est le cas

des dendrobates (grenouilles toxiques d'Amérique du Sud), qui utilisent une méthode des plus inhabituelles et fort intéressante pour s'occuper de leurs œufs et de leurs têtards. Après la ponte et la fécondation des œufs, ceux-ci sont attachés au dos du mâle, bien que l'on ignore comment le transfert s'effectue. Les œufs éclosent là, et les petits têtards continuent à vivre sur le mâle, ne recevant pas d'autre humidité que l'eau de pluie. On a vu jusqu'à vingt têtards sur le dos d'un mâle, et, comme ils grandissent, le mâle cherche des trous de plus en plus grands dans lesquels se reposer. Finalement, il les emmène vers l'eau, et ils s'en vont à la nage vivre leur propre vie.

L'histoire de Peter Pan, ce jeune garçon qui ne grandissait pas, est bien connue. Dans le monde des animaux, il existe un vrai Peter Pan, l'axolotl, un amphibien bizarre vivant dans les lacs proches de Mexico en Amérique centrale. C'est une créature analogue à un triton, souvent noire ou brune, bien que les albinos (blancs) soient fréquents. Elle respire à travers trois paires de branchies emplumées situées sur les côtés de la tête. Elle ne quitte jamais l'eau, et ne se métamorphose pas en triton adulte pouvant vivre à l'air ; elle peut toutefois se reproduire dans son état larvaire. Des hommes de science ont découvert que l'axolotl auquel on donne de la thyroxine, extraite de la glande thyroïde — hormone contrôlant le métabolisme du corps — se transforme en salamandre. La thyroxine contient de l'iode, qui manque dans l'eau où l'axolotl vit, si bien que celui-ci ne se métamorphose pas.

Parmi les animaux d'eau douce, un autre cas intéressant est celui de la bouvière *(Rhodeus sericeus)*, petit poisson d'Europe ; une fois réunis en couples, ces poissons partent à la recherche d'une moule d'eau douce. La femelle allonge le court conduit destiné à la ponte (oviposteur), et dépose

Un lézard vivipare *(Lacerta vivipare)* avec ses nouveau-nés ; c'est une espèce eurasienne, qui habite généralement les endroits frais tels que versants montagneux. L'accouplement a lieu au début du printemps ; les petits se développent à l'intérieur du corps de la mère, et naissent durant la chaleur de l'été ; ils se débarrassent aussitôt de la poche placentaire transparente.

Page en regard :
Une bouvière femelle *(Rhodeus sericeus)* avec son oviposteur allongé en position de ponte entre les valves écartées d'une moule d'eau douce. Dès qu'elle aura pondu ses œufs, le mâle y répandra sa laitance.

Un hippocampe mâle ; il est doté, sur son ventre, d'une poche incubatrice, nettement visible ici ; la femelle y pond ses œufs. Pour se débarrasser des nouveau-nés, une fois les œufs éclos, le mâle se livre à une série de mouvements de contraction et de décontraction.

ses œufs à l'intérieur des valves de la moule. Le mâle alors y répand sa laitance, et les œufs se développent seuls dans cet abri animal naturel. Lorsque les jeunes bouvières éclosent, elles demeurent dans la moule pendant environ un mois, se nourrissant de minuscules particules alimentaires captées par la moule.

Les hippocampes à l'apparence si étrange sont probablement, parmi tous les poissons, ceux dont les mœurs relatives à la reproduction sont les plus extraordinaires. Lorsqu'un couple d'hippocampes commence à se courti-

ser, le mâle nage en face de sa compagne et semble se courber devant elle. Il est en fait en train d'expulser l'eau de la poche située sur son estomac. La femelle introduit alors son long tube de ponte dans la large ouverture de la poche, dans laquelle elle pond jusqu'à 200 œufs, le mâle y répandant simultanément sa laitance pour les féconder. Lorsque la ponte est terminée, l'ouverture de la poche s'est rétrécie jusqu'à ne former qu'un orifice minuscule, et elle restera ainsi jusqu'à ce que les petits hippocampes soient prêts à éclore, au bout de cinq à

six semaines. Lorsque l'éclosion a eu lieu, l'ouverture de la poche s'élargit à nouveau et le mâle, par une suite de mouvements de repliement et d'élongation saccadés, expulse dans l'eau les hippocampes miniatures dont la taille ne dépasse pas 12 millimètres de long. Cette manœuvre est extrêmement éprouvante pour le mâle. La minuscule progéniture remonte alors à la surface de l'eau pour remplir ses vessies natatoires d'air, et commence à se nourrir de tout petits crustacés, tels que crevettes marines fraîchement écloses.

Crédit photographique